작은 행동으로 세상을 바꾸는 법
How to Change the World

How to Change the World

Copyright ⓒ John-Paul Flintoff
All rights reserved.

Korean translation copyright ⓒ 2013 by Sam & Parkers Co., Ltd.
Korean translation rights arranged with Macmillan Publishers Ltd.
through EYA(Eric Yang Agency).

이 책의 한국어판 저작권은 EYA(Eric Yang Agency)를 통해 Macmillan Publishers Ltd.와
독점계약한 '(주)쌤앤파커스'에 있습니다. 저작권법에 의하여
한국 내에서 보호를 받는 저작물이므로 무단전재와 무단복제를 금합니다.

인생학교 |세상|

작은 행동으로 세상을 바꾸는 법

존 폴 플린토프 지음 | 정미우 옮김

THE SCHOOL OF LIFE   썸앤파커스

인생학교 | 세상 |
작은 행동으로 세상을 바꾸는 법
2013년 1월 11일 초판 1쇄 | 2022년 12월 9일 14쇄 발행

지은이 존 폴 플린토프　**옮긴이** 정미우
펴낸이 박시형, 최세현

책임편집 최세현
마케팅 양근모, 권금숙, 양봉호, 이주형　**온라인마케팅** 신하은, 정문희, 현나래
디지털콘텐츠 김명래, 최은정, 김혜정　**해외기획** 우정민, 배혜림
경영지원 홍성택, 이진영, 임지윤, 김현우, 강신우
펴낸곳 (주)쌤앤파커스　**출판신고** 2006년 9월 25일 제406-2006-000210호
주소 서울시 마포구 월드컵북로 396 누리꿈스퀘어 비즈니스타워 18층
전화 02-6712-9800　**팩스** 02-6712-9810　**이메일** info@smpk.kr

ⓒ 존 폴 플린토프 (저작권자와 맺은 특약에 따라 검인을 생략합니다)
ISBN 978-89-6570-113-2 (13840)

- 이 책은 저작권법에 따라 보호받는 저작물이므로 무단전재와 무단복제를 금지하며, 이 책 내용의 전부 또는 일부를 이용하려면 반드시 저작권자와 (주)쌤앤파커스의 서면동의를 받아야 합니다.
- 이 책의 국립중앙도서관 출판시도서목록은 서지정보유통지원시스템 홈페이지(http://seoji.nl.go.kr)와 국가자료공동목록시스템(http://www.nl.go.kr/kolisnet)에서 이용하실 수 있습니다.
  (CIP제어번호 : 2013009188)

- 잘못된 책은 구입하신 서점에서 바꿔드립니다.
- 책값은 뒤표지에 있습니다.

쌤앤파커스(Sam&Parkers)는 독자 여러분의 책에 관한 아이디어와 원고 투고를 설레는 마음으로 기다리고 있습니다. 책으로 엮기를 원하는 아이디어가 있으신 분은 이메일 book@smpk.kr로 간단한 개요와 취지, 연락처 등을 보내주세요. 머뭇거리지 말고 문을 두드리세요. 길이 열립니다.

살아가면서 부딪히는 여러 가지 문제들, 인생의 중요한 순간마다 마주하는 문제들을 어떻게 바라보고 대응해야 할까? 이제까지 배운 것이 '지식'이라면, 지금은 '지혜'를 배워야 할 때다. 인생학교는 충만하고 균형 잡힌 인생을 위해서 반드시 한 번쯤 고민해봐야 할 주제들, 섹스, 돈, 일, 정신, 세상, 시간에 관한 근원적 탐구와 철학적 사유를 제안한다. 인생의 모든 순간을 지배하는 이 6가지 핵심주제에서 뽑아낸 통찰과 지혜는 삶의 질을 높이고, 일상적 사유의 깊이를 더해줄 것이다.

'인생학교The School of Life'는 2008년 영국 런던에서 처음 문을 열었다. "배움을 다시 삶의 한가운데로!"라는 캐치프레이즈 하에 세계적인 베스트셀러 작가 알랭 드 보통을 중심으로 삶의 의미와 살아가는 기술에 대해, 그리고 인생에서 부딪히는 여러 가지 문제들에 대해 강연과 토론, 멘토링, 커뮤니티 서비스 등을 제공하는 '글로벌 프로젝트'다. 거침없는 주제의식과 본질을 꿰뚫는 독특한 관점, 지적이고 명쾌한 해답을 도출하는 강연과 토론이 특히 유명하다. 영국과 미국은 물론, 스웨덴, 네덜란드, 브라질, 오스트레일리아, 터키 등으로 퍼져나가며 진정한 '인생학교'를 갈구해왔던 세계 각국의 독자들로부터 큰 반향을 불러일으키고 있다. 알랭 드 보통은 시리즈 전체의 기획자이자 에디터가 되어 각 주제를 책으로 엮었다.

《인생학교》 나는 이렇게 읽었다
THE SCHOOL OF LIFE
IDEAS FOR LIVE BY

| 조정민 목사, 전 iMBC 대표 | 끝없는 배움의 길을 걸으며 우리는 갈등한다. 무엇을 얼마나 언제까지 배워야 하나. 속 시원히 인생길을 가리키고 가르치는 곳은 없을까. 《인생학교》는 이 시대의 키워드를 중심으로 인생의 피할 수 없는 길에 분명한 이정표를 세운다. 어디서 멈추어야 지나온 길을 되돌아보고 앞길을 내다볼지를 안내한다. 인생에 길을 잃었거나 방향이 혼란스럽다면 《인생학교》 클래스에 함께 참여하기를 부탁드린다. 급변하는 시대의 새로운 인생 강좌, 그 여섯 개의 팻말과 강의가 궁금하지 않은가.

| 혜민 스님, 《멈추면, 비로소 보이는 것들》 저자 | 어른이 되어 인생을 살아가다 보면 왜 정작 학교에선 이런 것들을 가르쳐주지 않았을까 하는 것들이 있습니다. 예를 들어, 어떻게 하면 직장 안에서 내가 하는 일의 성과와 만족 사이에서 균형을 맞출 수 있을까? 혹은 어떻게 하면 우리가 용기를 내어 세

상을 좀 더 나은 곳으로 변화시킬 수 있을까? 살아가는 데 절대적으로 필요악이라고도 할 수 있는 돈은 과연 우리 인생에서 어떤 의미를 가지고 있을까? 이런 질문들 말입니다. 어떻게 보면 일상의 아주 평범해 보이는 주제를 비범한 시각으로 깊이 있게 다룬, '인생학교' 시리즈 책들을 여러분께 권합니다.

| 권민, 〈유니타스브랜드〉 편집장 | '인생은 어렵다' 라는 것을 인정하면, 자유롭고 단순한 삶을 누릴 수 있다. 그리고 '인생은 학교다' 라는 것을 깨닫게 되면, 그 즉시 겸손과 열정을 가질 수 있다. 그렇다면 인생이라는 고된 수업에서 우리는 무엇을 배워야 할까? 《인생학교》에서는 자신을 배워가는 관점을 알려준다. 무한 경쟁사회를 살고 있는 사람들의 인생은 남들과 같아지기를 혹은 남들보다 뛰어나기를 추구하고 있다. 그러나 이 시리즈에서는 '자기다움으로 남과 다른 인생을 사는 방법'을 소개하고 있다. 인생학교의 전공필수와 같은 이 여섯 권의 책들은, 심장은 뛰지만(생존하고 있지만), 가슴이 뛰지 않는(존재하지 않는) 오늘날의 현대인이 반드시 읽어야 할 심폐소생술과 같다.

인생을 위한 통찰과 지혜의 레퍼토리, 인생학교를 더욱 깊숙이 읽는 법

| 이해인 수녀, 시인 | 《인생학교》의 수업은 우리에게 늘 큰마음의 작은 행동을 요구합니다. 이 책은 우리가 살고 있는 이 세상을 바꿀 수 있는 힘을 먼 곳에서가 아니라 가까운 곳에서 찾아야 한다는 것, 다른 사람들에게 미룰 것이 아니라 내가 먼저 솔선수범해야 하는 이유들을 구체적이며 설득력 있게 설명하고 있습니다. 보다 나은 삶을 추구하는 선한 의지, 조금이라도 남을 돕고 싶은 배려심, 쉽게 포기하지 않고 꾸준히 실행하는 열정, 어떤 대가도 바라지 않는 순수하고 넓은 마음, 그리고 일상의 삶터에서 사소한 것도 놓치지 않고 의미를 발견하고 부여하며 깨어 있으려는 부단한 노력이야말로 사랑의 본질임을 다시 알아듣게 해주는 '지혜의 레퍼토리'입니다. 나부터, 지금부터, 여기부터 바로 시작해야 할 인류애, 공동선을 향한 발걸음을 평범한 것부터 시작할 수 있도록 스스로에게 재촉하며 이 책을 읽어보세요. '나도 할 수 있다'는 믿음으로 새롭게 감사하며 행복해질 것입니다.

| 김영미, 세계 분쟁 지역 전문 프로듀서, 《세계는 왜 싸우는가?》 저자 | 이 책은 세상을 살며 그늘진 곳과 마음 아픈 이들을 위해 마음을 모으는 일이 얼마나 의미 있는 일인지를 잘 보여줍니다. 미국 시애틀의 어느 책방에서 만났던 이 책

은 분쟁 지역에서 실제 전쟁의 상처를 안고 사는 이들을 만나 동고동락하며 다큐멘터리 작업을 하는 저에게 깊은 감동을 주었습니다. 마치 학교를 떠난 우리에게 마치 그 옛날 학창 시절처럼 세상을 살아가는 이치와 의무에 대해 알려주었습니다. 세상을 바꾸는 것이 쉽지 않다는 우리의 고정관념과 패배주의가 오히려 세상을 더디게 합니다. 수많은 물방울이 모여 호수도 되고 대양이 되듯이 우리의 작은 마음 하나하나가 모여야 세상을 바꿉니다. 중동을 휩쓴 아랍 민주화 항쟁에서 99%의 권리를 위해 싸우는 월스트리트 시위까지 제가 현장에서 느낀 것은 바로 개인 한 사람의 의견이었습니다. 그 한 사람이 시작이 되어 수억 명의 의견으로 발전해 세상을 바꿉니다. 배고픔에 우는 아이들과 총과 폭력에 집을 잃고 헤매는 사람들이 최소한의 사람으로서 권리를 누리기 위해서는 우리의 마음 하나하나가 모여야 한다는 사실을 인생학교에서 자세히 배우실 수 있을 겁니다.

|류종수, 유니세프 한국위원회 사무총장| 그냥 살아 있는 그 자체로는 살아 있는 의미가 완성되지 않는다. 나는 지금 무엇을 위해서 어떻게 살고 있는가? 어떻게 사는 것이 잘 사는 것 일까? 이 책을 읽으면 한세상 정말 멋있게 또 행복하게 살아갈 수 있는 답을 찾을 수 있다. 세상이 더욱 아름다운 곳이 될 수 있는 희망은 바로 나 자신의 선택에 달려 있다는 것을 확신하게 된다.

|김노보, 세이브더칠드런 대표이사 | 90여 년 전 영국에서 세이브더칠드런을 창립한 에글렌타인 젭은 "세상은 비정하지 않다. 다만 상상력이 모자라고 매우 바쁠 뿐이다."라는 말을 남겼다. 이 책을 읽으면서 머릿속에 그 말이 떠올랐다. 맞다. 우리는 상상력이 모자라기 때문에, 세상을 바꾸는 변화가 뭔가 거시적이고 대단한 용기와 결단이 필요한 일이라고만 생각한다. 이 책은 그렇지 않다고 말하는 책이다. 일상에서 내가 할 수 있는 아주 작은 무엇이라도 기쁘게 실천하면, 그런 노력들이 모여 결국은 세상을 바꾸게 될 것이라는 낙관적인 희망을 들려준다. 우리의 다음 세대를 위해 세상이 달라져야 한다고 생각하면서도 뭘 해야 할지 방법을 잘 떠올리지 못하는 사람들, 변화와 실천이라는 개념이 매우 비장하고 희생적으로 여겨져서 자신과 무관하다고 생각하는 사람들에게 일독을 권한다. 저자는 세상을 변화시키는 데에는 두 가지 방법이 있다고 했다. 고통을 줄이거나, 기쁨을 늘리거나. 나는 그 두 가지가 동시에 가능하다는 것을 내가 하는 일을 통해 본다. 세상의 고통을 줄이려는 노력은 결국 스스로에게도 기쁨을 주는 일이다.

|정혜윤, CBS 프로듀서, 《삶을 바꾸는 책 읽기》 저자 | 우리는 바쁘고 불안합니다. 먹고 살기 위해서 개인적으로 해결해야 할 일들이 너무나 많습니다. 그래서 '세계'나 '세상'이라는 말은 그다지 귀에 와닿지 않습니다. 당장 급한 일

이 아니거나 내가 할 수 있는 일은 아니라고 여겨집니다. 그러나 그렇다고 해도 어떻게 하면 조금 더 행복하고 기쁘게 사랑받으며 살 수 있을까를 고민하지 않는 것은 아닙니다. 아름다운 미래가 펼쳐지길 원하지 않는 것도 아닙니다. 바로 그 부분입니다. 변화의 유일한 가능성이 바로 그 부분에 있습니다. 내가 꿈꾸는 미래는 혼자서 만들 수 없고 누군가를 만나서 이야기를 해봐야만 합니다. 그런데 행동하지 않으면 아무도 만날 수가 없습니다. 간디는 이 책에서 당신이 '이 세상에서 보고자 하는 그런 변화'가 되어보라고 합니다. 당신이 이 세상에 살면서 만나보고 싶어 하는 그런 사람이 되어보자는 말입니다. 다른 사람에게 영감을 주는 사람이 한번 되어보는 것, 나의 일상에서 가능한 아주 작은 행동이라도 해보는 것, 이것이 바로 세상에 참여하는 방식입니다. 그것이 우리가 꿈꾸며 기다리던 미래를 데려옵니다.

목차

Part 1 | **들어가는 글**
가장 개인적인 것이 가장 정치적이다 · 19

Part 2 | **이 세상에서 당신은
어떤 역할을 할 것인가?**

Chap 1 어차피 세상을 바꾸기란
불가능하다고 믿는 당신에게

나의 사소한 행동이 역사의 흐름을 바꿀 수 있다고? · 28
우리의 노력을 헛되게 만드는 몹쓸 제도와 시스템 · 30
복종할 것인가? 내 손으로 직접 뜯어고칠 것인가? · 36
더 이상 참을 수 없다면, 지금 당장 시작하라 · 41

Chap 2 무엇이 우리를 행동으로 이끄는가?

나는 무엇을 하기를 원하는가? · 48
주어진 운명에 정면으로 맞서는 순간 · 51
'의미'가 있다면 그 무엇도 극복할 수 있다 · 57
탱크 가로막기, 혹은 집에서 애 키우기 · 61

Chap 3 세상을 바꾸는 데 필요한 구체적인 전략
구체적으로 해결하고 싶은 문제 목록 만들기 · 74
희망이란 문을 깨부수는 도끼다 · 81
비폭력행동을 위한 198가지 지침 · 90
당장 따라 해보고 싶은, 재치 있고 우아한 저항 · 94

Chap 4 우리 주변에 있는 변화의 실마리들
목격자들은 언제 어디서나 중요한 역할을 한다 · 100
세일즈맨처럼 주위의 사람들을 설득하라 · 103
변화에 대한 희망은 빠르게 전염된다 · 105

Chap 5 나와 내 주변의 상황을 이용하는 방법
내가 할 수 있는 일을 누구와 함께할 것인가? · 112
우리에게 필요한 것은 이미 우리가 가지고 있다 · 115
의외로 사람들은 도와달라는 요청을 좋아한다 · 117

Chap 6 세상을 위한 아주 작은 첫 발걸음
아주 사소한 행동들도 모이면 거대한 힘이 된다 · 122
'하게 될' 일이 아니라 '해야 할' 일에 집중하는 것 · 125
세상을 바꿀 수 있는 사람은, 바로 당신이다 · 129

Part 3 세상을 위해 당신이 할 수 있는 작은 일

Chap 7 아름다움과 기쁨을 조금씩 늘려나가기
창조적인 방식으로 세상과 관계 맺기 · 140
아름다움과 창조와 놀이가 가득한 세상에서 · 144

Chap 8 당신이 가진 것을 현명하게 나누는 법
남부럽지 않은 삶과 의미 있는 삶의 딜레마 · 150
좋은 생계와 나쁜 생계의 모호한 경계 · 153
40만 년의 삶을 구할 수 있는 기부 · 158
당신도 언젠가는 수혜자가 될 수 있다 · 164

Chap 9 이보다 더 매력적일 수는 없다
개인적 이익과 일치하는 의무를 찾아내기 · 170
사실 우리는 한 가닥 실로 연결된 존재들 · 172
100년 후의 세상을 준비하는 지역공동체 · 174
당신이 먼저 좋은 이웃이 되어야 한다 · 177
변화를 말하지 않고 변화를 이끌어내는 법 · 181

Chap 10 사랑하는 마음이 변화시킬 수 있는 것
사랑, 그 어떤 도움보다도 절실한 · 186
누구나 사랑을 나눌 준비가 되어 있다 · 191

Chap 11 인류 전체를 위한 작은 행동의 시작

비인간적인 모든 것과 과감히 결별하기 · 196
평화를 갈망하는 인간 본성의 발견 · 199
차이를 극복하게 만드는 공통의 관심사 · 205
인류애를 향한 사랑과 연민의 선언 · 208
모든 변화는 우리의 일상에서 출발한다 · 211

Part 4 결론

음악의 선율이 도달하려는 종착점 · 220
바다에 떨어지는 물 한 방울처럼 · 225
절대 끝나지 않을 일에 동참한다는 것 · 228

더 읽어보면 좋은 자료들 · 231
부록: 198가지 비폭력행동 방법 · 238
사진과 인용문 사용에 관한 감사의 글 · 248

일러두기
- 본문 중 책 제목은 《 》로, 논문과 잡지명은 〈 〉로 표시했습니다. 책의 경우 한국어판이 출간된 책은 한국어판의 제목만 도기했고, 그렇지 않은 경우는 한글로 직역한 제목과 영어로 된 원서 제목을 병기했습니다.
- 영화 제목과 노래 제목, 드라마 제목, 뮤지컬 제목, 미술 작품명 등은 ' '로 표시했습니다.
- 옮긴이의 주註는 각 장의 말미에 수록했습니다.

How to Change
the World
John-Paul Flintoff

**THE
SCHOOL
OF LIFE**

들어가는 글
Introduction

Part 1

완벽함은 목표일 뿐, 결과는 오직 불완전함이다.
아이버 커틀러 Ivor Cutler•

• 1959~2004. 스코틀랜드의 시인, 작곡가, 유머작가. 이 인용구의 원문은 'Imperfection is an end. Perfection is only an aim.' 인간은 언제나 완벽함을 목표로 삼지만 그 결과는 불완전할 수밖에 없다는 의미이다.

가장 개인적인 것이
가장 정치적이다

 이렇게 한번 상상해보자. 만약 당신에게 세상을 바꿀 수 있는 마술 지팡이가 주어진다면? 그러면 당신은 어떻게 할 것인가? 아마도 당신은 지금 당장 바꾸고 싶은 것이 수도 없이 많을 것이다.
 결론부터 말하자면, 이 세상은 절실히 변화를 필요로 하고 있다. 너무나도 절실한 나머지 이따금씩 우리는 한밤중에도 잠에서 깨어 이런저런 걱정으로 몇 시간씩 뒤척이곤 한다. 낮 동안 우리는 뭔가 잘못된 것처럼 보이는 수많은 사소한 일들에 성을 내고 악담을 퍼붓는다. 그러다가도 태양이 반짝하는 순간 우리는 온전한 기쁨을 누리는 평온한 세상을 불러내는 꿈을 허락한다.

하지만 우리의 성향이 어떻든지 간에, 우리는 종종 세상을 변화시키는 것이 불가능하지는 않을지언정 정말 힘든 일이라는 결론에 도달한다. 그러고는 더 이상 어떤 시도도 하지 않게 되는 것이다.

부끄러운 일이다. 적극적으로 변화를 만들어내는 것은 개인적으로 우리 자신에게도 도움이 되기 때문이다. 변화를 만들어내기 위해 적극적으로 행동할 때 우리는 자신을 창의적으로 만들어주는 공감과 기회의 창고를 발견하고, 대담성이라는 습관을 기를 수 있다. 무엇보다도 세상을 변화시킬 때의 깊고도 지속적인 만족감은 그 변화가 '완성'(만약 그것이 가능하다면)됐을 때뿐만 아니라 그 과정을 한 단계씩 밟아나갈 때도 느낄 수 있다.

여기까지만 읽고도 당신은 벌써 세상을 변화시키는 것에 관심이 생겼을 것이다. 게다가 아마도 뭔가를 할 수 있다는 자신감까지 생겼을지도 모른다. 그러나 모든 사람들이 그런 자신감을 갖게 되는 것은 아니다. 어떤 경우든, 이 책에 포함된 생각들은 고대로부터 내려오는 지혜와 가장 최근의 과학적 조사들로부터 정당성을 인정받은 것임을 반드시 기억해주기 바란다. 그 생각들은 이론적일 뿐만 아니라 역사적인 사실에 기반을 두고 있으며, 그 영향력 또한 증명된 것이다. 이 책의 마지막 페이지를 덮은 후 당신은 세상을 변화시킬 준비가 더 잘 되어 있을 것이며 이전보다 더 결의에 차게 될 것이다.

이 책은 우리가 살고 있는 세상을 좀 더 건강하고 정신적으로 풍요롭게 만드는 데 중요한 실마리가 되어줄 사례들로 가득 차 있다. 내가 제시한 사례들은 전 세계의 역사를 횡단한다. 그중에는 위대한 역사적 의미를 지닌 것도 있지만 나와 나의 지인들에 관한 개인적인 이야기도 포함되어 있다. 세상을 변화시키는 것이 단지 간디, 테레사 수녀, 넬슨 만델라와 같은 '위대한 영혼'들만의 책무가 아님을 설득력 있게 보여주기 위해서다.

나는 이렇게 개인적인 이야기들을 소개하는 것에 대해서 특별히 사과하지 않으려 한다. 나의 개인적 경험을 소개하지 않았다면, 누구나 세상을 변화시킬 수 있다는 주장이 부끄러웠을지도 모른다. 그렇다고 나의 경험이 마치 뭔가 대단한 것처럼 보이기 위함도 아니다. 단지 내게 그런 일이 일어났을 뿐이다. 페미니스트 이론에서는 "가장 개인적인 것이 가장 정치적이다."*라고 가르친다. 개인적인 작은 일들이 의미를 가질 수 있다는 진술이 참이라면 그것을 입증해주는 증거는 당연히 평범해 보일 수밖에 없다. 그럼에도 불구하고 그것은 분명 증거이므로, 평범한 개인의 일상에서 벌어지는 소소한 행동들이 세상을 충분히 변화시킬 수 있음을 보여주는 것이리라.

사실, 우리를 둘러싼 견고한 사회적 시스템이나 그 어떤 노력으로도 해결될 것 같지 않아 보이는 문제 앞에서 분노하거나 좌절에 빠지는 것은 누구나 한 번쯤은 겪어봤을 만한 감정이다. 하지만 그런 식의 즉각적인 반응은 변화의 가능성을 우리 각자에게서 더욱 멀찌감치 물러서게 할 뿐이다. 곰곰이 생각해보라. 인류의 역사가 모두 그런 방향에서 진행되어왔다면 우리는 아직도 노예제도, 여성과 유색인, 이민자에 대한 억압, 약소국에 대한 강대국의 무분별한 침략, 무소불위 독재권력, 심지어 신분과 계급에 따른 차별이 존재하는 세상에 살고 있을지 모른다.

중요한 것은, 이런 모든 변화들이 불가능한 것을 가능하게 만들려는 개인의 작은 행동에서 촉발되었음을 상기하는 것이다. 변화는 생각처럼 빨리 오지 않을 수도 있다. 이것은 분명한 사실이다. 반대로, 당장 우리에게 직접적인 이익이 되지는 않더라도 평범한 일상의 행동들 속에서 의미를 발견할 때 세상은 '반드시' 변화할 것이다. 이것

또한 분명한 사실이다.

내가 이 책에서 중요하게 여기는 것은 독자 개개인이 수용할 수 있는 몇 가지 지적인 명제를 제공하는 데 그치지 않는다. 우리는 행동을 통해 가장 잘 배울 수 있다. 그러므로 이런 책은 독자가 내용을 실천에 옮겼을 경우에만 그 유익함을 온전히 누릴 수 있다. 이 책을 읽으면서 자신의 상황에 어떻게 적용할 수 있을지 곰곰이 생각해보기 바란다.
그리고 실천하라!

*독일 녹색당 창당을 이끈 여성 운동가 페트라 켈리Petra Kelly의 말.

How to Change
the World
John-Paul Flintoff

**THE
SCHOOL
OF LIFE**

이 세상에서 당신은 어떤 역할을 할 것인가?
How to Start to Make a Change

Part 2

어차피
세상을 바꾸기란
불가능하다고
믿는 당신에게

Chap 1 Overcoming Defeatism

나의 사소한 행동이
역사의 흐름을 바꿀 수 있다고?

　수십억 명이 사는 이 세상에서, 어떻게 '나'라는 하나의 존재가 뭔가를 변화시키길 바랄 수 있을까? 우리가 이렇게 쉽게 패배주의에 젖은 질문을 하게 되는 이유는 많다. 그중 몇 개를 꼽으라면, 우리가 자라고 교육받은 방식과 우리를 좌절시키고 실망시키는 것들을 평생 참아왔다는 것, 그리고 뭔가를 시도하려다 실패했던 고통스러운 기억 등을 들 수 있다.
　그러나 우리가 항상 변화를 만들어왔다는 것만큼은 변함없는 사실이다. 진짜 문제는, 우리가 의도하지 않은 방식으로만 세상에 영향을 미치게 된다면 진정으로 소망하는 변화를 만들어내지 못할 수도 있다는 데 있다.

어떤 사람들은 우리가 항상 변화를 만들어가고 있다는 사실을 믿을 수 없다고 말할지도 모른다. 그런 경우에는, 세계 전체를 거시적으로 보려 하지 말고 일상에서 주변 사람들과 영향을 주고받는 데 초점을 맞춰보면 도움이 될 것이다. 우리는 매 순간 다음번에는 무엇을 해야 할지 결정하거나 다른 누군가의 생각을 따라가며 살아가고 있다. 어느 쪽이든 간에 우리의 행동은 모두 목적을 지니고 있으며 각자 그에 따른 영향을 미친다.

우리 중 누군가는 개개인의 일상은 역사의 본질과 거리가 멀다고 주장할지도 모르겠다. 물론이다. 하찮아 보이는 우리의 일상은 율리우스 카이사르의 브리튼 섬 침공이나 칭기즈 칸의 바그다드 점령이나 크리스토퍼 콜럼버스의 아메리카 대륙 발견과 견줄 수 없다. 그리고 이것이 바로 많은 사람들이 역사를 이해하고 있는 방식이다. 토머스 칼라일Thomas Carlyle 또한 "세계의 역사는 위대한 인물의 전기"라고 말하지 않았던가. 그러나 이런 '위대한 인물' 주도의 역사관은 최근 몇 년 전부터 점차 퇴색해가고 있다. 오늘날 우리는 그런 인물들이 혼자 힘으로만 위대한 일을 할 수는 없었을 것이라고 깨닫게 되었다. 그리고 지금까지 간과된 소소한 사건들의 역사적 중요성을 인식했다.

우리의 노력을 헛되게 만드는 몹쓸 제도와 시스템

　러시아의 소설가 레프 톨스토이Lev Tolstoy는, 역사란 평범한 개개인들이 일상적으로 벌이는 수많은 작은 일들("무한히 많은 극미한 행동들")의 영향이 한데 결집함으로써 더 정확하게 인식될 수 있음을 처음으로 알아차린 사람 중 한 명이었다.

　톨스토이가 보여주듯이 우리는 아침에 일어난 순간부터 밤에 잠자리에 들기까지 역사를 만들어가고 있다. 그런데 우리가 '하는' 것만이 역사를 만드는 것은 아니다. 우리가 '하지 않는' 것도 역사를 만든다. 우리가 투표를 하는 것과 하지 않는 것에 대해 생각해보면 이 사실은 좀 더 명료해진다. 이를 바탕으로 논리적인 결론을 내리자면, 우리는 심지어 잠자리에 든 '이후'에도 변화를 만들고 있다. 이것은, 말하자면 세상을 뒤흔들 정치적 성명을 밤새도록 구상하거나 노숙자들에게 음식을 나눠주기 위해 밤거리를 순찰하는 대신 선택한 잠자리이기 때문이다.

어찌 됐든 괜찮다. 우리 모두는 잠을 자야 하니까. 그러나 톨스토이의 통찰은 지금 벌어지고 있는 일들에 우리 모두의 책임이 있다는 사실을 인식할 것을 요구한다. 아메리카인디언 인권운동가 레너드 펠티어Leonard Peltier는 이렇게 말했다. "우리는 서로 대립하는 것이 아니라 서로를 보완한다. 또 서로를 필요로 한다. 우리들 각자는 이 지구에서 일어나는 일들에 대해 책임이 있다. 우리는 각자 절대 없어서는 안 될 존재이며 전적으로 대체 불가능한 존재들이다. 우리들 각자는 지금 최선과 최악의 가능성 사이에서 벌어지는 냉엄한 선거전에서 흔들리는 부동표들이다."**

제도권 교육을 통해 우리 내면에 깊이 뿌리내린 오래된 관념, 즉 역사란 특출한 개인들의 행동에 관한 것이라는 관념은 여전히 흔들릴 생각을 하지 않는다. 실제로 민주주의 체제에서조차도 이런 관념을 적극적으로 부추기고 있는 것 같다.

2009년 베를린 장벽 붕괴 20주년을 기념해서 '세계의 지도자들'이 청중들에게 연설을 하기 위해 독일 베를린으로 모여들었다. 그들은 베를린 장벽 붕괴를 위해 거의 한 일이 없었기 때문에 그 특별한 역사적 이벤트에서 공적을 차지하기 위해 참석한 것이었다. 사실 동베를린과 서베를린 사이의 장애물이 무너지게 된 것은 수많은 평범한 베를린 시민들이 아주 작은 행동을 했기 때문이었다. 이른바 '민중의 힘people power'이 몇몇 주변 국가들에 중대한 변화를 일으키고 동독 전역에서 대규모 시위가 뒤따르자 그들은 그저 무슨 일이 일어났는지 보기 위해 국경으로 발걸음을 옮긴 것뿐이었다. 최근 주변 국가들에서 벌어진 일들을 의식하고 어리둥절해 있던 초소의 경비병들은 시민들이 이쪽 도시에서 저쪽 도시로 자유롭게 지나갈 수 있도록 문을 개방했다. 그러고는 얼마 지나지 않아 장벽은 더 이상 장애물로서 기능할 수 없게 되었고 결국 붕괴되었다. '세계의 지도자들'이 공적을 차지했다는 사실이 시민들의 업적을 깎아내리지는 않는다. 하지만 이는 세상을 바꿀 때 우리가 반드시 그 결과에 대한 인정을 기대할 수 없음을 암시한다.

세상이 어떻게 우리의 노력을 헛되게 만드는지에 대해서 이야기하다 보면, 결국 우리는 종종 '시스템' 또는 '현재 상태'와 같은 말을 하게 된다. 그러고는 체념하고 우리의 무기력함을 불평한다. 만약 어마어마한 장벽이 우리가 살고 있는 도시 한가운데 놓여 있어서 친구나 친척을 만날 수 없게 한다면 그런 태도를 보일 수도 있을 것이다. 그러나 그보다 훨씬 버겁지 않은 고난에 직면했을 때도 상황은 별반 다르지 않다.

우리가 거리 축제를 열려고 할 때를 떠올려보자. 그런데 전혀 다른 목적을 위해서 제정된 사소한 규제 때문에 축제를 열 수 없게 되었다. 우리는 축제를 포기한다. 이처럼 '시스템'이나 '현재 상태' 같은 추상적인 표현은 우리 자신이 문제에 연루되어 있다는 사실을 파악하기 어렵게 만든다. 진실은, 우리에게 선택권이 있다는 것이다. 우리를 가로막는 규제를 변화시키기 위해 노력하거나 심지어는 무시해버리는 것. 선택은 전적으로 우리에게 달려 있다.

아이들도 이해할 수 있는 상황에 대입해보자. 강력한 힘을 지닌 왕이 있는 상황을 떠올려보는 것이다. 눈을 감고 그런 왕의 모습을 그려보라. 당신은 어떻게 그가 막강한 왕이라는 것을 알 수 있는가? 커다란 왕관 때문인가? 황금으로 치장된 왕좌? 아니다. 이런 것들은 그가 단지 왕이라는 사실만을 말해줄 뿐이다. 그렇다면 우리는 그의 '막강함'을 어떻게 알 수 있을까? 그것은 바로 그 앞에 머리를 조아리고 납작하게 엎드려서 떨고 있는 주변 사람들이다. 왕의 막강함을

사람들이 늘어나기 시작하자
군인들은 그들을 통과시킬 수밖에 없었다.

베를린 장벽 붕괴.

보여주는 것은 그 자신이 아니라 그를 '둘러싼 사람들'의 행동거지이다. 만약 사람들이 얼굴을 치켜든 채 왕에게 등을 돌리고 농담을 주고받거나 담배를 피우거나 졸고 있다면 똑같이 왕관을 쓰고 황금 왕좌에 올라 있는 왕일지라도 더 이상 막강하게 보이지 않을 것이다.

그럼 이제 막강한 왕이나 그 앞에 납작 엎드린 사람들이 모두 무대 위에 선 배우라고 상상해보자. 왕 앞에 엎드린 배우는 대안이 있다는 것을 알고 있다. 언제든지 그는 자리를 박차고 일어나 뭔가 파장을 일으킬 만한 다른 행동을 할 수 있다. 실제 삶에서도 우리는 평범한 역할을 벗어던지고 뭔가 다른 행동을 할 수 있는 능력을 가지고 있다. 하지만 우리는 종종 그런 사실을 잊곤 한다. 설령 알고 있다 하더라도 말이다.

복종할 것인가?
내 손으로 직접 뜯어고칠 것인가?

이런 상황은 일정 부분 통념에서 비롯된다. 그리고 어린 나이 때부터 배워온 '왕과 여왕과 대통령 중심의 역사'가 권력이란 높은 지위에 있는 사람에게만 주어지는 것이라고 가르쳤기 때문이다. '오즈의 마법사'처럼 학부모와 교사들은 아이들로 하여금 권위 있는 사람들은 모두 전지전능하다고 믿도록 가르친다. 심지어 어른이 되면 고용주와 정부까지도 전지전능하다고 믿을 것을 강요받는다. 그리고 우리가 그렇게 믿는 한, 그들은 정말 그런 존재들이 된다.

우리의 일상을 막강한 왕에게 등을 돌리는 것에 빗대는 것이 조금은 별나게 보일 수도 있을 것이다. 하지만 실제로 세상의 많은 사람들은 자신보다 막강한 불의(이는 통치자나 고용주, 심지어 가족이나 친구인 경우도 있다)와 맞대면했을 때 무력감을 느낀다. 그리고 결과가 어찌 되든 간에 그러한 복종이 전적으로 우리 자신의 선택에서 비롯된 것임을 상기함으로써 해방감을 느낀다.

톨스토이는 사람들이 이런 사실을 인식하지 못하고 있는 것에 무척 당황해했다. 그는 차르의 군대에 동원된 평범한 러시아 농민들이 자신들의 아버지이자 형제와도 같은 다른 러시아 농부들을 왜 죽이려고 하는지 이해할 수 없었다. 그것도 단지 차르의 명령이라는 이유만으로 말이다. 이런 궁금증과 사회 정의에 관한 또 다른 질문들로 인해 결국 톨스토이는 화려한 도시 생활을 접고 시골로 은퇴했다. 그

곳에 사는 동안 톨스토이는 남아프리카에서 정치활동을 하고 있던 한 젊은 인도인에게 편지를 받았다. 톨스토이는 그 청년에게 답장을 보냈고 이후 계속해서 '인도인에게 보내는 편지'라는 글을 발표했다.

영국 동인도회사의 인도 예속을 설명하면서 톨스토이는 이렇게 썼다.

"한 상업회사가 2억 명이 살고 있는 한 국가를 노예로 만들었습니다. 이 사실을 이성적인 사람에게 말해보십시오. 그러면 그는 이 말이 무엇을 의미하는지 이해할 수 없을 것입니다. 운동선수들도 아니고 그저 나약하고 평범한 3만 명의 사람들이, 쾌활하고, 영리하며, 자유를 사랑하는 2억 명의 사람들을 노예로 만들었다는 것은 무엇을 의미합니까? 그 수치는, 영국인이 인도인을 노예로 만든 것이 아니라 인도인들 스스로 노예가 되었음을 명백하게 보여주는 것 아닙니까?"

톨스토이와 편지를 주고받은 인도 청년은 다름 아닌 간디였다. 간디도 톨스토이와 마찬가지로 특권을 누리는 삶을 살았다. 하지만 간디 역시 어두운 피부색을 가졌다는 이유로 남아프리카행 기차에 실려 보내졌을 때 부당함에서 비롯한 모욕감을 느꼈다. 그 순간부터 그는 억압에 저항하는 데 자신을 헌신했다. 영국에 점령된 조국 인도로 다시 돌아온 간디는 자유를 위한 비폭력저항운동을 시작했다.

간디는 복종과 타협을 변화시키기 위한 필요조건으로서 의지의 변화에 대한 중요성을 강조했다. 여기에는 다음과 같은 세 가지가 필요하다. 첫째, 수동적 복종에서 자기 존중과 용기로의 정신적 변화. 둘째, 자신의 협조가 체제를 유지한다는 주체적 인식. 셋째, 복종과 타협을 멈출 수 있다는 의지의 강화. 간디는 이런 변화들이 의식적으로 영향을 받고 신중하게 착수되어야 한다고 생각했다.

나의 연설은 존경받거나 지지받을 모든 권리가 상실된 정부를 거들거나 그에 협조하는 것을 부끄럽게 여기는, '정부에 대한 불만' 자체를 자극하기 위함입니다.
노예가 자기 자신이 더 이상 노예가 아니라고 결심하는 순간, 그의 족쇄는 끊어질 수 있습니다. 그는 자신을 자유롭게 하고 그 방법을 사람들에게 보여줍니다. 자유와 노예는 정신적인 상태입니다. 그러므로 여러분이 자기 자신에게 해야 할 첫 번째 말은 다음과 같습니다. "나는 더 이상 노예의 역할을 허락하지 않을 것이다. 나는 명령을 그것 자체로서 복종하는 것이 아니라, 그것이 나의 양심과 일치하지 않을 때 불복종할 것이다."

당연히 영국인들은 분노했다. 오늘날까지도 시민불복종운동의 정당성을 인정하지 않으려는 사람들이 있다. 법은 반드시 존중되어야 한다고 그들은 말할지도 모른다. 그러나 그런 주장을 하는 것은, 히틀러가 정권을 잡았을 때 절대적으로 그들에게 복종하는 것이 독일인의 의무라고 주장하는 것과 같다. 그렇게 생각하는 사람은 오늘날 거의 없다. 그와 반대로 대부분의 사람들은 특정한 상황에서 불복종과 저항이 분명히 정당화될 수 있다고 믿는다.

현실적으로 전 국민이 복종하는 경우는 없다. 많은 사람들이 때때로 법을 어기고 작은 규제들을 위반하고 있으며, 가끔은 이런 범법행위를 자주 저지르는 사람도 있다. 이기적인 이유에서 그러는 사람들도 있고 좀 더 고상한 이유에서 그러는 사람들도 있다. 집단의 불복종에 관한 극적인 사례들은 이런 일반적이고 일상적인 진실, 즉 모든 시민이 법을 지키는 것은 아니라는 진실의 증거를 더욱 선명하게 보여줄 뿐이다.

더 이상 참을 수 없다면, 지금 당장 시작하라

 당신이 만약 저렴하고 편안한 신발을 생산하는 기술처럼 세상을 바꿀 만한 아이디어를 가지고 있다는 이유에서 이 책을 펼쳤다면, 정신의 노예화에 관한 간디의 연설이나 히틀러에 관한 언급이 별 상관없는 것처럼 들릴지도 모른다. 이것이 당신과 무슨 관계가 있을까? 세상을 변화시키는 행동에 동참하기 위해서 굳이 우리가 노예나 독재국가의 시민이라고 생각할 필요는 없다. 우리에게 필요한 것은, 뭔가 심각하게 잘못되었다는 생각이 들면, 즉 비싸고 불편한 신발을 사는 현실 앞에서 더 이상 그런 현실을 참을 수 없다고 결심하는 것뿐이다.

 내가 계속해서 나치 독일을 언급하는 것은 이유가 있어서다. 당신의 노력이 결과에 직접적인 영향을 미치지 못하더라도 반드시 시도는 해봐야 한다는 것. 이것이 내가 주장하고 싶은 것이기 때문이다.

 회의주의자들은 종종 평범한 사람들의 비폭력저항이 나치를 무너뜨린 것은 아니라고 말한다. 정말 그들이 옳은 걸까? 어떤 방식으로도 가설은 증명될 수 없을 것이다. 진 샤프Gene Sharp는 비폭력저항이

나치를 '무너뜨렸을지도 모른다.'는 논쟁에 뛰어들지 않는 대신 나치가 독일과 그 점령지에서 어떻게 실제로 비폭력저항에 맞닥뜨렸는지를 주의 깊게 살필 필요가 있다고 주장한다.

옥스퍼드와 하버드 대학에서 교수를 지낸 샤프는 1960년 알베르트 아인슈타인이 서문을 쓴 첫 번째 책《간디, 도덕적 힘이라는 무기를 행사하다 Gandhi Wields the Weapon of Moral Power》를 펴냈다. 그의 최고작으로 손꼽히는《비폭력행동의 정치학 The Politics of Non-violent Action》첫째 권***에서, 샤프는 우리에게 눈가리개를 벗어던지고 정치적 힘이 우리의 힘이며 그것은 결코 투표함에 머물러 있는 것이 아니라는 사실을 인식해야 함을 촉구하고 있다. 샤프는 자신의 책 여기저기에서 군사역사가들마저도 간과했던 나치에 대항한 비폭력저항운동의 사례를 놀라울 정도로 광범위하게 제시했다.

많은 사례들이 있지만 이어지는 내용들은 비폭력저항운동의 다양한 접근법을 가늠해볼 수 있게 해줄 것이다.

- 폴란드 교도소에서 유대인 죄수들이 탈출하기 시작했을 때, 전신기사로 일하던 한 젊은 여성은 목숨을 걸고 군대 증강을 요구하는 전보를 보내지 않았다.

- 노르웨이에서는 시민들이 독일군을 마치 존재하지 않는 듯 본체만체했다. 전차를 탄 시민들은 독일군 옆자리에 앉기를 거부했다. 사소하게 들릴지도 모르지만 실제로 이런 행동은 독일인들을 심하게 당황시켰다. 그리하여 전차에 빈자리가 있는데도 서 있는 것을 범죄행위로 규정하기에 이르렀다. 나치의 사기가 이토록 나약한지 누가 상상이나 했겠는가?
- 덴마크에서는 노란색 별이 그려진 완장을 유대인들에게 강제로 차게 하자 국왕도 그들과 함께하겠다는 뜻으로 똑같은 완장을 찼다.•••• 덴마크의 관리들은 유대인들을 색출해 추방하라는 지시를 받았지만 이 정보가 흘러나가도록 해서 많은 유대인들이 숨을 수 있도록 충분한 시간을 벌어주었다. 많은 덴마크인들은 나치가 강제로 명령한 야간통행금지를 무시하고 원하는 대로 밤거리를 활보했다.
- 네덜란드에서는 2만 5,000명의 유대인들이 비유대인들의 도움을 받아 무사히 몸을 숨길 수 있었다.
- 독일에서는 유대인 배우자들이 붙잡혀간 후 남편과 아내를 잃은 비유대계 시민들이 뭉쳐 공개 시위를 벌였다. 시위는 전쟁이 최고 절정에 도달했을 때 베를린 중심가에서 벌어졌다. 놀랍게도

그들은 원하던 것을 얻어냈다. 끌려갔던 배우자들이 집으로 돌아왔고, 남은 전쟁 기간 동안 안전하게 살았다.
- 몇몇 독일 야전 사령관들은 히틀러와의 회의 중에 자리를 떠났다. 그것도 두 번이나.
- 나치 정권에 반대한 독일 의사들은 신체검사 때 청년들을 징집에서 면제해주었다. (그들은 '구텐탁Guten Tag' 의사로 알려졌는데, 그 이유는 환자들을 맞을 때 "하일 히틀러"라고 말하는 대신 이 평범한 인사말을 썼기 때문이다.)
- 독일의 음악가들은 자신들이 좋아하는 미국 곡에 독일어 제목을 붙여서 아메리칸 재즈 연주 금지법을 위반했다.
- 히틀러에 대항한 가장 유명한 저항운동을 이끈 것은 '백장미단White Rose'이라는 비밀결사단체였다. 이 단체는 반反나치 유인물을 제작한 뒤 전화번호부에서 임의로 뽑은 전국의 가정에 배포했다. 이 전단지는 독일이 전쟁에서 잇따라 승전보를 울리고 있던 1942년 처음으로 세상에 모습을 나타냈다. "우리는 침묵하지 않을 것이다! 우리는 당신의 나쁜 양심이다!"라는 문구가 쓰인 전단지가 독일 전역에서 발견되었다. 백장미단이 뮌헨 대학의 몇몇 친구들이 모여 조직한 아주 작은 단체일 거라고는 누구도

상상하지 못했다. 그들의 마지막 전단지는 독일 밖으로 밀반출되었고, 독일 상공을 지나는 연합군 수송기를 통해 수백만 장이 투하되었다. 이 소식은 강제수용소까지 전해졌다. 한 수감자는 나중에 이처럼 회고했다. "뮌헨에서 무슨 일이 벌어지고 있다는 소식을 접했을 때 우리는 얼싸안고 박수를 쳤다. 어쨌거나 독일에도 아직 인간이 살고 있었던 것이다."

사실 이런 행동들은 웃음이 날 정도로 극히 미약한 것들이다. 아메리칸 재즈를 연주한다니! 그러나 이처럼 아주 작은 저항일지라도 다른 사람들에게 영감을 줄 수 있는 가능성을 담고 있다.

만약 이런 작은 저항이 없었다면 히틀러 정권은 실제보다 더욱 악질이 되었을지도 모른다. 이를 바꿔 말하면, 만약 더 많은 사람들이 저항하기를 두려워하지 않았더라면 나치 최악의 잔혹행위는 막을 수 있었을지도 모른다.

이렇게 말하는 것은 단지 과거에 살았던 사람들을 평가하자는 것이 아니다. 그보다는 지금 현재의 우리에게 경종을 울리기 위함이다. 우리가 당시 독일에 살았더라면 용감하게 행동했을 것이라고 상상하기는 쉽다. 하지만 우리가 던져야 할 정직한 질문은 이런 것이다. 오늘날 벌어지고 있는 일들에 관하여 '지금 당장' 할 수 있는 일이란 과연 무엇인가? 뭔가 해야만 한다는 것을 알면서도 행동하지 않았던 때가 있었는지 자신에게 물어보라. 그리고 그 기분이 얼마나 끔찍했는지 떠올려보라. 그런 다음 다시는 그런 기분을 느끼지 않기 위해서 할 수 있는 것은 무엇이든지 하겠다고 결심하라.

＊영국의 평론가, 역사가. 이상주의적인 사회 개혁을 제창하여 19세기 사상계에 큰 영향을 끼쳤다.
＊＊《나의 삶, 끝나지 않은 선댄스》(돌베개, 2005) 참조.
＊＊＊비폭력운동 진영에서 가장 영향력 있는 이론가 중 한 사람인 진 샤프의 《비폭력행동의 정치학》은 1973년 미국에서 처음 총 3권으로 발간되었다. 이 책은 정치권력의 본질과 다양한 비폭력행동의 방법론에 대한 샤프의 근본적 분석을 담고 있으며, 출간 직후 전 세계에 막대한 영향을 끼쳤다. 1권은 '권력과 투쟁', 2권은 '비폭력행동의 방법들', 3권은 '비폭력행동의 역학'이라는 부제를 달고 있다.
＊＊＊＊독일군이 점령했을 때 덴마크의 국왕은 크리스티앙 10세였다. 덴마크 시민 모두가 유대인 완장을 차고 있는 것에 놀란 독일군이 왕궁을 찾았을 때 그는 이렇게 말했다. "나는 덴마크의 첫 번째 유대인이다."

무엇이 우리를
행동으로 이끄는가?

Chap 2 What Drives Us?

나는 무엇을 하기를 원하는가?

자신이 어떤 변화를 원하는지 정확히 아는 사람은 운이 좋다. 그러나 많은 사람들에게는 그것이 불분명하다. 세상에는 문제도 많고 그 문제를 해결하는 방법도 많다. 놀랍게도 우리는 너무나 자주 역설에 갇힌 우리 자신을 발견하곤 한다. 간절하게 뭔가를 하고 싶지만 그것이 무엇인지 도무지 알지 못하는 것이다.

과거의 위대한 업적에서 영감을 찾으려는 것이 항상 도움이 되는 것은 아니다. 성공의 가장 일반적인 효과 중 하나는 그것이 당연한 것처럼 보이는 것이기 때문이다. 한때는 그렇게도 불가능해 보였던 것이 막상 성공을 이루고 난 뒤에는 평범한 것처럼 보인다. 같은 이유에서, 특별한 개인들에게 주어진 역할은 돌이켜 보면 필연적이고 예정된 운명인 것처럼 보이는 경향을 띤다. 예를 들어 우리는 간디가 편안하고 단조로운 중산층의 삶을 산다는 것을 상상하기가 힘들 것이다. 그는 충분히 그런 인생을 살 수도 있었지만 그러지 않았다. 자신이 교육받았던 기존의 법조계에 몸담는 것보다 더 중요한 다른 문제를 발견했기 때문이었다.

우리는 또한, 만약 세상을 변화시키기를 희망한다면, 우리를 움직이는 힘이 무엇인지 이해하려고 노력해야만 한다. 특히 우리의 이익을 좇을 것인지, 책임감을 좇을 것인지 생각해야만 한다.

역사를 돌이켜보면 죽음 이후의 더 나은 삶에 대한 희망을 품은 많은 사람들이 종교적 절대자의 가르침을 따르기 위해 노력했다. 이마누엘 칸트Immanuel Kant는 천국에서의 보상이나 지옥에서의 징벌과 상관없이 그것 자체가 목적인 의무론을 주장했다. 그는 우리의 욕망이나 성향에서 비롯된 모든 동기들을 제쳐둘 때만이 온전히 도덕적으로 행동할 수 있음을 강조한다.* 그러나 이것은 철학자 피터 싱어Peter Singer가《어떻게 살아야 할 것인가?How Are We To Live?》에서 지적했듯이 융통성 없는 광신으로 이어질 수도 있다.

재판을 앞둔 상황에서 나치 전범 아돌프 아이히만Adolf Eichmann은 자신이 칸트의 도덕법칙, 특히 칸트의 의무에 대한 정의에 따라 평생을 살았다고 갑자기 주장했다. (…) 이따금 자신이 가스실로 보낸 유대인들에게 동정심을 느끼기는 했지만, 자신의 책무가 동정심에 휘둘려서는 안 된다고 믿었기 때문에 확고하게 자신의 의무를 다했다는 것이다. 또 다른 나치 하인리히 힘러Heinrich Himmler는 유대인 학살 임무를 맡은 나치스친위대ss 연설에서 그들이 '혐오스런 임무'를 수행하라는 명령을 받았으며, 만약 그런 임무를 기꺼이 수행한다면 좋을 것 같지 않다고 말했다.***

18세기 철학자 데이비드 흄David Hume은 칸트의 주장에 반대했다. 그는 뭔가를 하기 위한 모든 이유가 우리의 행위에 영향을 미치려면 욕망이나 감정과 관련되어야만 한다고 생각했다. 만약 흄이 옳다면, '나는 무엇을 해야만 하는가?'라는 질문에 답하는 유일한 방법은, '나는 무엇을 하기를 원하는가?'를 먼저 묻는 것이다.

주어진 운명에
정면으로 맞서는 순간

   그러나 여기에도 마찬가지로 위험이 도사리고 있다. 왜냐하면 우리는 편협하게 자기중심적인 이익만을 좇을지도 모르기 때문이다. 어느 정도까지는 괜찮다. 하지만 대다수 사람들의 삶에는 더 이상 이기적으로 사는 것만으로는 충분하지 않은 때가, 그리고 종종 자신의 죽음을 진정으로 의식하게 되는 때가 온다.

   사람들은 수세기에 걸쳐 자신이 할 수 있는 한 올바르게 살고자 하는 마음에 집중하기 위해 의도적으로 죽음에 대한 인식을 이용했다. 중세 유럽에서 다양한 내용으로 전해오는 이야기가 있다.

   자신감 넘치고 잘생기고 부유한 젊은 귀족 세 사람이 숲속에서 말을 달리다가 세 구의 시체와 마주쳤다. 시체들이 그들에게 말했다. "너희들의 지금 모습은 우리들의 과거 모습. 우리들의 지금 모습은 너희들의 미래 모습이다." 그런 일이 젊은이들에게 어떤 생각을 불러일으켰을지는 쉽게 상상할 수 있다. 왜냐하면 그런 비슷한 일이 현실에서도 일어나기 때문이다. 죽음의 문턱까지 갔다가 깨어난 사람들은 새로운 성격을 갖게 되고 무엇이 진정으로 중요한 것인지를 분명

죽음에 관한 분명한 인식이
우리의 정신을 집중시켜줄 수 있다.

"당신의 현재 모습은 우리의 과거 모습. 우리의 현재 모습은 당신의 미래 모습."

히 깨닫게 된 경험을 말한다.

　붓다도 비슷한 통찰을 경험했다. 세상사와 동떨어진 채 궁전 안에서만 성장한 싯다르타는 어느 날 바깥 세상에 나갔다가 노인과 병자와 시체를 각각 마주쳤다. 싯다르타는 마부에게 어떤 사람들에게 이런 일이 일어나는지 물었고, 그의 대답에 놀라지 않을 수가 없었다. "모든 사람들에게 일어나는 일입니다, 태자님." 싯다르타는 그들을 '제천諸天'이 변화한 것이라고 부르면서 (우리를 깨우치기 위해 영감을 주었기 때문이다) 그 끔찍했던 광경의 위대한 가치를 깨달았다.****

　붓다와 실존주의를 연구한 철학자 스티븐 배철러Stephen Batchelor의 저서 《타인과 함께 홀로Alone with Others》에 따르면, 우리는 우리 모두가 죽어야만 한다는 것과 우리가 남긴 것들은 결국 모두 사라져버릴 것이란 사실을 잘 '알고' 있다. 그러나 우리 대다수는 오히려 그 반대가 사실인 것처럼, 절대 죽지 않을 것처럼 습관적으로 행동한다. 그리고 우리가 얼마나 미미한 존재인지를 인정하는 것도 거부한다. 그런 생각에 집중하는 것이 두렵기 때문이다. 우리가 살고 있는 세상이란 3,000억 개의 별들로 구성된 은하에서 별 하나의 주위를 맴돌고 있는 행성에 불과하다. 그리고 우리 은하는 수백만 은하 중 하나일 뿐이다. 태양은 결국 차가워질 테고 지구에서의 삶도 결국 종말을 맞이할 테지만, 이 우주는 아무 일 없다는 듯 무심하게 존속할 것이다.

진정으로 존재한다는 것은 우리의 불가피한 죽음과 우주 속 존재의 미미함을 인정하고, 살아 있는 동안 목적의식을 지니고 살기로 결심하는 것을 의미한다.

장 폴 사르트르Jean-Paul Sartre는 "인간은 자유를 선고받은 존재이다."……라는 말로 우리의 상황을 역설적으로 표현했다. 한편 알베르 카뮈Albert Camus는 우리의 삶을 시지푸스의 실존적 고난에 비유했다. 시지푸스는 그리스 신들에게 벌을 받아 무거운 돌을 언덕 위까지 밀어올리고 굴러 내려온 돌을 다시 밀어올리기를 평생 반복한다.

피터 싱어가 주장했듯이, 삶이 무의하다는 주장은 오늘날 더 이상 놀라운 발견으로 여겨지지 않는다. 따분해하는 10대들은 매일같이 이 말을 반복한다. 하지만 그것이 우리가 인생에서 우리 방식대로 의미 있는 일을 할 수 없다는 뜻은 아니다. 심지어 시지푸스조차도 진심으로 노력했다면 만족을 얻을 수 있었을 것이라고 카뮈는 믿었다. "극복되지 않는 운명이란 없다."……

운명에 정면으로 맞섰을 때만이 운명을 정복할 수 있다. 그렇게 운명에 맞서다 보면 우리의 능력을 강화하고 성장시켜줄 용기를 얻을 수 있다.

이것은 정신과의사 크리스 존스톤Chris Johnstone이 확인한 이론이기도 하다. 그는 알코올중독 및 약물중독에 관해 쓴 책╌╌╌╌╌에서 명백하고도 긴요한 지적을 하고 있다. 우리가 어떤 일에 대해 부정적으로 말하는 것을 회피하게 된다면 "문제 해결의 실마리로서 숨김없이 꺼내놓아야 할 불만스러운 의식을 차단하는 것이다." 존스톤은 우리의 불만을 '모험을 하라는 명령call to adventure', 즉 상황을 더 개선시키기 위해 세상으로 나아가라는 명령이라고 표현했다. '제천'의 현현이 붓다를 깨달음의 길로 인도한 것처럼 말이다. 많은 동화책들도 이와 비슷한 이야기로 시작한다. 사건이 파국적인 국면을 맞이하거나 놀라운 진실이 밝혀지고, 이런 변화는 뜻하지 않은 영웅을 만들어내 세상의 잘못된 것들을 바로잡게 만든 뒤 영웅이 승전보를 울리며 귀향한다는 내용이다.

'의미'가 있다면
그 무엇도 극복할 수 있다

    우리를 불행하게 만드는 것에 대한 기꺼운 수용은 직관을 배반한다. 하지만 만약 문제가 있다는 사실을 확실히 인정하지 않는다면 그것을 바로잡기 위한 결단력이 결여돼 있는 것일지도 모른다. 이는, 가령 기후변화를 걱정하는 사람들이 전문가들에게 과연 우리가 '잘 해낼 수 있을지'를 묻는 상황에서 그 실체를 확연히 드러낸다. 전문가들이 '그렇다'라고 대답하면 사람들은 여느 때처럼 조용히 일상으로 복귀한다. 만약 전문가들이 '아니다'라고 대답하면 모두 절망에 빠진다. 이런 두 가지 태도는 모두 변화를 만들어내지 못한다.

    한 연구 결과는 사람들에게 목적의식을 동시에 부여하지 않은 채 현 상황에 관해 두려움을 유발시키는 것이 실제로 그들의 면역체계를 무너뜨릴 수 있음을 증명했다. 오스트리아의 심리학자였던 빅터 프랭클Victor Frankl은 나치 강제수용소에 수감되어 있을 때 목격한 것을 바탕으로 자기 삶에서 가장 위대한 책을 집필했다. 그곳에서 자기 자신의 미래에 대해 신념을 잃어버린 사람들은 결국 죽음에 이른다. 그는《죽음의 수용소에서》에서 "'왜' 살아야 하는지를 아는 사람은 그

'어떤' 상황도 견뎌낼 수 있다."는 니체의 말을 인용했다. 이유를 찾을 수만 있다면 우리는 어떤 것도 극복할 수 있다.

인간은 이미 조건 지워지고 결정지어진 것이 아니라 어떤 상황에 굴복하든지, 아니면 그것에 맞서 싸우든지 양단간에 스스로 어떤 판단을 내릴 수 있는 존재이다. 인간은 그저 존재하는 것이 아니라 앞으로 어떻게 존재할 것인지, 그리고 다음 순간에 어떤 일을 할 것인지에 대해 항상 판단을 내리며 살아가는 존재이다. 같은 맥락에서 이야기하자면 인간은 어느 순간에도 변할 수 있는 자유를 가지고 있다. (…) 인간 존재의 주요한 특징 중 하나는 '우리가 처한' 조건들을 극복하고 초월할 수 있는 능력을 가지고 있다는 것이다. 인간은 가능하다면 세상을 더 나은 쪽으로 변화시킬 수 있고, 필요하다면 자기 자신을 더 좋게 변화시킬 수 있다.

프랭클은 '의미를 찾는 것'·········은 행복을 추구하는 것보다 항상 앞서야 한다고 주장한다. 행복해지기 위해서는 반드시 그에 합당한 이유가 있어야 하기 때문이다. 일단 그 이유를 찾기만 하면 우리는 자동으로 행복해진다. 그러나 프랭클이 말한 의미란 단순히 우리의 묘비명으로 쓰일 법한 장엄하고 궁극적인 목적만을 뜻하는 것이 아니다. 그것은 우리가 마주치는 모든 상황 속에 고유하게 내재되어 있는 잠재적 의미를 뜻한다. "의미를 인식한다는 것은 결국 주어진 현실에서 무엇을 할 것인가를 인식하는 것이다."

최근 몇 년 동안 그의 주장은 마틴 셀리그먼Martin Seligman이 주창하는 '긍정 심리학' 운동에 의해서 과학적으로 입증되고 있다. 셀리그먼과 그의 동료들은 피험자들을 몇 개의 그룹으로 나눈 다음 각각 다른 종류의 기쁨을 경험하도록 했다. 한쪽 그룹은 발마사지를 받거나 초콜릿을 먹게 함으로써 단순한 쾌락을 경험하도록 했다. 또 다른 그룹에게는 구성원들 개개인이 '의미 있다'고 생각하는 일을 하도록 했다. 결과적으로 두 그룹 중 훨씬 더 깊고 오래 지속되는 만족감을 느낀 것은 두 번째 그룹이었다. 각 피험자들은 이 '여운'이 자신들의 일상에 활기를 전해주었을 뿐만 아니라 자기 자신을 온전히 느낄 수 있게 해주었다고 말했다.

달리 표현하자면, 세상을 변화시키는 것은 기분을 좋게 만든다. 편협한 자기 이익만을 좇는 것보다 훨씬 더, 그리고 심지어는 초콜릿을 입에 물고 발마사지를 받는 것보다도 훨씬 더 기분이 좋아지는 일이다.

이런 맥락에서는 특별히 '의미 있는' 행동을 하는 것이 절대적으로 중요한 것은 아니다. 그 일을 '왜' 하는지 생각하지도 않고 똑같은 일을 반복하는 사람들은 만족감을 누릴 수 없을 것이다. 간단한 예를 들어보도록 하겠다. 당신이 아픈 이웃을 대신해 그 집의 개를 산책시켜준다고 치자. 당신은 이렇게 어려운 상황에 처한 이웃을 진심으로 돕고자 그 일을 할 수도 있을 것이며, 투덜거리면서 마지못해 할 수도 있을 것이다. 전자는 당신을 기쁘게 하겠지만 후자는 그러지 못할 것이다.

이 사례는 변화라는 것이 어떻게 이루어지는지 설명해준다. 만약 세상을 변화시키는 것이 매일 반복되는 행동들로만 이루어진다면 어떤 사람들은 적극적으로 행동하는 반면 그렇지 않은 사람들도 있다. 여기서 차이점이 만들어진다. 단지 존재하는 것만으로 세상을 변화시키는 사람들과 '의도적으로' 변화를 추구하는 사람들 사이에서 발생하는 차이다. 진정한 변화를 적극적으로 추구하는 사람들만이 영위하고자 하는 삶을 선택할 수 있음을 이해하고, 그것들이 가진 영향력을 완벽하게 알아차릴 수 있다. 세상을 변화시키는 것은 목적의식을 갖는 것이다. 그리고 모든 것은 우리가 충분히 할 수 있는 것이다. 그냥 자기 자신에게 매 순간 이렇게 물어보라. "왜 나는 이것을 하는가?"

이와 같은 질문은 크리스 존스톤이 '의무 뒤에 숨은 욕망'(흄의 메아리가 들리는 것 같다)이라고 말한 것을 이해할 수 있도록 도와준다. 세상을 변화시키는 것이 따분한 의무가 될 조짐을 보인다면 우리는 합당한 동기를 부여받을 수 없다. 하지만 삶에서 가장 좋아하는 것과 일치하는 방법을 찾아낼 수 있다면 우리는 거기에 계속 매달리려고 할 것이다.

탱크 가로막기, 혹은 집에서 애 키우기

좋아하는 일에 몰입해 있을 때 우리는 자신의 고유한 가치에 따라 살게 된다. 이 가치들은 모든 사람들이 상투적으로 표현하는 일반적 가치가 아니라 우리 개개인에게 중요한 이상의 집합체이다. 그것은 우리를 아침에 침대에서 일으켜 세우고, TV에서 속을 뒤집어놓는 장면이 나올 때 꺼버리게 만드는 가치이다. 많은 사람들이 우리의 가치를 공유하고자 하지만 전적으로 그것들은 우리만의 고유한 가치로 받아들여진다.

이렇게 이웃을 돕는 것이
즐거운 일일까?
아니면 귀찮은 일일까?

아픈 이웃을 대신해 개 산책시키기.

자기 자신만의 가치를 파악할 수 있는 한 가지 방법은 자신에게 이렇게 묻는 것이다. 나는 진정으로 (말 그대로 완벽한) 좋은 인생이란 무엇이라고 생각하는가? 내가 진정으로 존경하는 인생은 어떤 인생인가? 내가 훗날 뒤돌아보고 싶은 인생은 어떤 것인가? 그리고 좀 더 구체적으로 당신이 죽을 때까지 이뤄야 할 것들의 목록을 작성해보라. 그 목표를 이루기 위해서는 어떤 과정이 필요한가?

또 '나는 누구인가?'란 질문에 열 개의 각기 다른 답을 써볼 수도 있을 것이다. 그리고 각 답변에 대해서 자신이 왜 그것에 흥미를 느끼는지 찾아본 다음 그 이유들에 일정한 유형이 있는지 알아본다. 그런 다음 가장 좋아하는 것부터 가장 덜 좋아하는 순서로 답을 정리한다. 모두들 각자 다른 방식으로 시도해보자. 대부분의 사람들이 적게 되는 답에는 관계('나는 아버지이자 아들이자 남편이자 형제이자 친구이자 이웃 등등이다.')가 있고, 그들이 삶을 영위하는 방식이 있고, 여가가 포함되어 있을 것이다. 각각의 경우에서 흥미를 느끼는 것이 무엇인지 결정하려면 노력이 필요하겠지만, 그것은 우리가 자신에 대해서 그 이전에는 생각지도 못했던 사실을 알게 해주기 때문에 나름의 가치를 지닌다.

이와 비슷한 연습으로 가장 최근이나 과거에 정말로 살아 있다는 감정을 느끼게 해준 사건이나 관계를 기록해보는 것이 있다. 그런 다음 그 이유를 분석해보는 것이다(이것이 중요하다). 정직하게 대답해야 한다. '가치 있는' 답변을 써야 한다고 생각할 필요는 없다. 예를 들어 골프를 치면서 정말로 살아 있는 기쁨을 느꼈다면 그대로 적어라. 그리고 자신에게 질문하라. 그 이유가 야외에 있는 것을 좋아하기 때문인가, 스포츠를 통해 경쟁하는 것을 좋아하기 때문인가? 아니면 사람들과 어울리며 수다를 떨 수 있는 기회를 좋아하기 때문인가? 그조차도 아니라면 또 다른 무슨 이유가 있는가? 일단 이유를 확인했다면 왜 '그것을' 즐기는지를 자신에게 물어라. 답을 적고 그것을 좋아하는 '궁극적' 이유에 도달할 때까지 자신이 느끼는 기쁨을 분류하라. 그런 다음 그와 똑같이 궁극의 만족감을 얻을 수 있는 또 다른 일은 무엇일지 묻는 것이다. 이런 훈련은 아마도 다음과 같이 진행될 것이다.

"나는 무엇을 좋아하는가?"_골프.
"왜?"_친구들을 만나는 게 좋으니까.
"왜?"_친구들과 수다를 떨 수 있는 개방된 느긋한 분위기가 좋으니까.
"왜?"_나는 사교적인 사람이어서 사람들이 어떤 행동을 왜 하게 되는지 알아내는 것을 좋아하니까.

...

이런 연습을 거치면 당신은 아마도 숙련된 상담사처럼 자원해서 사람들과 대화를 나누는 만족감을 느낄 수 있을 것이다. 노력이 필요하겠지만, 그런 영역에서 세상을 더 나은 쪽으로 변화시키려는 노력은 골프를 치는 것 못지않게 당신을 행복하게 해줄 수 있다.

우리가 할 수 있는 또 다른 일은, 아무리 작은 변화일지라도 우리가 변화를 만들어냈던 순간을 이따금씩 되돌아보는 것이다. 그리고 그때의 기분이 어땠는지를 잊지 않기 위해 노력하는 것이다.

연습을 실제 행동으로 옮기는 것이 반드시 필요하다. 자신이 쓴 답을 눈으로만 보고 그냥 지나쳐버리는 것은 아무런 도움도 되지 않는다. 이런 연습을 직접 실천할 때 비로소 인생에 의미를 갖게 만드는 감각을 찾을 수 있다.

이런 과정은 우리가 어떻게 행동해야 할지 결정하는 데 도움을 준다. 우리가 찾고 있는 질문은 '인생의 의미란 무엇인가?'가 아니라 '어떻게 하면 내 인생을 의미 있게 만들 수 있는가?'이기 때문이다. 그리고 그 질문에 대한 답은 구체적인 행동을 필요로 한다.

이런 기념비적인 투쟁에
너무 초점을 맞추는 것은 오해의 소지가 있다.

1989년 톈안먼 광장에서 탱크 앞을 막고 선 중국인 학생.

1989년 톈안먼天安門 광장에 늘어선 탱크들 앞에서 쇼핑백을 든 채 외롭게 서 있었던 중국인 학생처럼 기념비적인 투쟁에 너무 초점을 맞추는 것은 오해의 소지가 있다. 가치 체계는 지극히 평범한 우리의 일상에서 드러난다. 빅토리아 시대의 미술 비평가였던 존 러스킨John Ruskin은 이렇게 물었다. "왜 우리는 누군가의 목숨을 구한 사람에게는 깊이 생각해보지도 않고 단번에 상을 주면서 오랜 세월 동안 아이를 양육하는 데 헌신한 사람에게는 상을 주지 않는가?"

제아무리 사소하고 일상적인 행동일지라도 넓은 관점에서 보면 그 위대함을 깨달을 수 있다. 한 연구자가 돌을 앞에 놓고 일하는 사람들에게 다가가 무슨 일을 하고 있는지 물었다. 그중 한 남자는 자기 일은 돌을 반듯하게 다듬어 옮기는 일이라고 말했다. 또 다른 남자는 처자식을 먹여 살리기 위해 일한다고 대답했다. 세 번째 남자는 자신 역시 앞서 말한 두 가지를 다 하고 있다는 것을 인식함과 동시에 우리가 세상에서 사라진 후에도 사람들이 와서 경배할 수 있는 숭고한 성당을 짓고 있다고 말했다. 모두들 각자 훌륭한 일을 하고 있었지만 자신의 일이 얼마나 위대한가를 인식하고 있는 사람은 한 사람뿐이었다. 선조들이 물려준 최상의 가치를 아직 태어나지 않은 후손들에게 전해주기 위해 필사적으로 노력하는 '훌륭한 조상'의 일이라는 관점에서 본다면, 우리는 존 러스킨이 말한 것처럼 부모의 양육 같은 일상적인 일에도 위대함을 부여할 수 있다.

영국의 소설가이자 철학자였던 아이리스 머독Iris Murdoch은 훌륭한 인생을 산다는 것이 탱크를 막고 홀로 서든지 (직접 생명을 구하는 것보다 덜 극적이기는 하지만) 헌혈을 하든지 간에 위대한 행위를 하는 것만을 의미하지는 않는다고 말했다. "우리의 자유를 행사하는 것은 순간순간 계속되는 작은 단편적 행위를 통해 이루어진다. 그것은 어떤 중요한 순간에 벌어지는 거창한 도약이 아니다." 즉, 한 순간에서 다음 순간까지 우리가 자기 자신을 이끌어가는 방향에 관한 것이다.

결정적으로 이것은 우리를 둘러싼 세상을 관찰하는 방법에 관한 것이기도 하다. 머독은 우리가 '마음에 새기는 것'들을 갈고 닦아야 한다고 생각했다. 가치 있고 윤리적인 일상에 관심을 기울이는 습관을 들임으로써 결정적인 순간에 올바로 행동할 수 있는 능력을 연마하는 것이다. "이타적인 방향으로 의식을 바꿀 수 있는 것이라면 무엇이든 좋다."

이유는 간단하다. 세상을 변화시키는 데 진정으로 관심이 있다면 우리는 타인을 가장 먼저 배려해야 하기 때문이다. 우리가 취하는 모든 태도, 우리가 뱉는 모든 말, 우리가 하는 모든 행동은 우리와 다른 사람들의 관계를 정립해준다. 개인적인 생각이나 인식, 감정 속에서 우리는 혼자일지 모른다. 하지만 우리가 변화시키고자 하는 세상은 수많은 타인들로 이루어져 있다. 이것은 우리가 찾고 있는 의미를 어디서 발견할 것인가에 관한 중요한 실마리를 제공한다. 바로 타인을 돕는 것이다. 그러지 않는다면 우리는 언제나 편협한 시선에 사로잡혀 자기 이익만을 좇을 것이기 때문이다.

* 칸트는 도덕적 실천 법칙에 대한 존경에서 비롯된 필연적 행위, 즉 의무로 인한 행위만이 본래적인 도덕적 가치를 지닌다고 주장했다. 이런 법칙에 대한 존경, 의무로부터의 행위는 "네 의지의 준칙이 항상 동시에 보편적인 입법의 원리로서 타당할 수 있도록 행위하라."는 정언명령을 도출한다. 《《윤리형이상학정초》 참조)

** 국내에 《이렇게 살아가도 괜찮은가?》라는 제목으로 출간되었다.

*** 힐러 연설의 요지는 이어지는 문장에 더 잘 드러나 있다. "그러나 그는 자신에게 주어진 의무를 충실히 이행함으로써 가장 고귀한 명령을 준수하고 있다고 강조했다."

**** 고타마 싯다르타가 출가하게 된 동기를 그린 이 이야기는 '사문유관四門遊觀'이라 부른다. 궁전 밖으로 나간 싯다르타가 동문에서 노인을 보고, 남문에서 병자를 보고, 서문에서 시체를 보고, 마지막 북문에서 수행자를 만난 두 비로소 출가할 뜻을 품었다는 내용의 불교 설화.

***** 사르트르의 이 유명한 말은 《존재와 무》에서 나온 것이다. 인간이란 의미가 있어 존재하는 것이 아니라 존재가 있기 때문에 의미를 만들어낸다. 인간은 자연이라는 무대에 아무런 시나리오 없이 던져진 존재이기에 인생의 모든 것은 자신의 자유로운 선택에 의해 만들어지며, 이에 무한한 책임을 진다. 이것이 자유를 선고받은 까닭이다.

****** 《시지프 신화》에서 카뮈가 말한 정확한 진술은 다음과 같다. "멸시로 응수하여 극복되지 않는 운명이란 없다."

******* 《내면의 힘을 발견하라 Find Your Power》(2010)

******** 《죽음의 수용소에서》의 원제는 'Man's Search for Meaning'(인간의 의미에 대한 탐구)이다.

세상을 바꾸는 데 필요한 구체적인 전략

Chap 3 Some Thoughts on Strategy

구체적으로 해결하고 싶은
문제 목록 만들기

  앞에서 우리는 "나는 무엇을 하기를 원하는가?"라는 질문에 대답할 수 있을 때 비로소 내가 "해야만 하는 일"이 무엇인지에 대한 답도 얻을 수 있다는 사실을 알게 되었다. 또한 삶의 의미를 찾기 위해 끊임없이 모험을 해야 한다는 사실도 알게 되었다. 그러나 정작 당신이 하고자 하는 일의 의미를 찾지 못한다면 무슨 소용이 있겠는가? 당신에게 주어진 역할이 무엇인지 모른다면 또 무슨 소용이 있겠는가?

  우리를 움직이는 힘이 무엇인지 이해했다면 이제 우리가 관심을 가져야만 하는 문제들을 더 잘 선택할 수 있어야 한다. 이를 시작하는 한 가지 방법은 우선순위에 따라 문제의 목록을 만드는 것이다.
다음 항목을 참조해보자.

- 전쟁
- 가난
- 환경파괴
- 기아
- 정치타락
  ...

물론 사람들마다 작성할 수 있는 목록은 이와 완전히 다를 것이다. 세상 한편에서 사람들을 걱정시키는 문제가 또 다른 곳에서는 (걱정거리가 되어야만 함에도 불구하고) 별 문제가 되지 않을지도 모른다. 가령 우리에게 직접적으로든 간접적으로든 굶주림에 대한 경험이 없다면 기아문제 해결을 임무로 정하기는 힘들 것이다. 심지어 어디서 기아문제를 찾아야 할지도 모를 것이다. 앞 장에서도 알아봤듯이 관심을 갖지 않으면 실천할 수 있는 영감도 얻지 못한다. 그러므로 내가 제시한 목록이 당신 스스로 작성한 목록보다 더 가치 있다는 식의 생각에서 벗어나는 것이 중요하다.

만약 당신이 다음과 같이 목록을 작성한다면 제3자가 볼 때는 나의 목록이 더 가치 있게 보일 것이다.

- 아이들과 더 자주 빵을 굽기
- 아메리칸 재즈를 더 많이 연주하기
- 약간의 석공술

하지만 당신의 목록을 더 넓은 시각으로 본다면 훨씬 원대한 뜻을 읽어낼 수 있다.

- 아이들과 더 자주 빵을 굽기
  ='선조들이 물려준 최상의 가치를 아직 태어나지 않은 후손들에게 전해주기'
- 아메리칸 재즈를 더 많이 연주하기
  ='히틀러 치하에서'
- 약간의 석공술
  ='우리가 세상에서 사라진 후에도 사람들이 와서 경배할 수 있는

숭고한 성당을 짓기'

달리 말해서 만약 당신이 선택한 임무가 지금 당장은 그다지 야심 차 보이지 않는다면, 그것은 당신이 존경스러울 정도로 겸손할 뿐만 아니라 그 임무의 원대한 의미를 적확하게 표현할 말을 찾지 못했기 때문이다. 만약 그것 때문에 신경이 쓰인다면 "왜 나는 이것을 하는가?"라고 끊임없이 질문하라. 하지만 근본적으로 그것은 중요치 않다. 당신이 자신에게 의미 있는 뭔가를 추구하고 거기에 몰두해 있는 한 어느 정도는 다른 누군가를 돕고 있는 것이기 때문이다.

어쨌든 간에 이 방법은 우리가 맞대면하고 있는 여러 문제들을 체계적으로 분석하는 데 도움을 준다. 분석의 한 방법은 문제를 네 가지 유형으로 분류하는 것이다.

1. 모든 사람들에게 영향을 미치지만 (거의) 누구도 개인적으로 해결책을 제시할 수 없는 문제. 여기에는 전쟁 상황에서의 삶, 잔인한 독재 치하에서의 시달림, 폭력범죄와 타락이 만연한 무법천지 환경에서의 삶 등이 포함된다.

2. 국민 전체가 아닌 일부 사람들에게만 영향을 미치는 문제. 역사

를 통해서 많이 확인할 수 있는 상황으로, 인종이나 종교적 차별, 여성과 아이들에 대한 차별, 행복한 삶을 불가능하게 만드는 극한의 빈곤 등을 들 수 있다.

3. 모든 사람들에게 위협이 되지만 극히 소수만이 인식하는 문제. 기후변화, 생태계 파괴, 인구폭발, 자원부족 등이다.

4. 문제가 아닌 기회. 만약 우리를 에워싼 거리가 추하다면 무척 거슬릴 것이다. 이를 해결하기 위해 우리는 공공기반시설을 운영할 수 있는 효율적이고도 멋진 방법을 상상할 수 있다. 대안 선거 체계를 구상하거나, 사람들의 삶을 변화시킬 잠재력 있는 발명품을 개발하거나, 아름다운 예술작품을 창작하거나, 통찰력 있는 글을 쓸 수도 있다.

만약 네 번째 유형이 마음에 와 닿는다면, 전쟁을 종식시키거나 독재정권을 전복시키거나 지구를 구하거나 기아를 해결하고 아픈 사람을 돌봐야 한다는 식의 걱정 따윈 없이 원하는 것을 추진해도 된다. 모든 사람들이 큰 문제를 해결하는 데만 매달리고 정원 가꾸기 같은 소소한 일을 거들떠보지도 않는다면 이 세상은 결국 끔찍하게 형편없는 곳이 될 것이다.

자기 자신의 가장 큰 관심사를 확인하기 위해서 상위 5개 정도의 짧은 목록을 작성하는 것도 좋다. 그럼으로써 성공을 확신할 경우(정말 실패할 확률이 전혀 없다면), 자신이 할 수 있는 일이 무엇인지 묻는 데 도움이 될 것이다. 이런 질문을 통해 우리는 "그런 일 따윈 절대로 불가능해."라거나 "도대체 분수를 알고는 있는 거야?"라는 성가신 내면의 목소리를 제거할 수 있다. 그리고 나 자신의 목록을 이렇게 써보는 것이다.

1. 우리 동네를 위해서 크리스마스 파티를 준비한다.
2. 고품질 친환경 의상 제작용으로 쐐기풀에서 저렴하게 섬유를 추출해내는 방법을 찾아낸 디자이너에게 상을 수여하는 기금을 마련해줄 사람을 찾는다.
3. 대안 화폐를 도입하는 기업운동을 권장해서 은행의 도움을 받지 못할 때 회사를 위한 유동성을 확보한다.
4. 지역 카페에 지역 예술가(아이들을 포함해서)들이 그림을 그릴 수 있는 벽을 제공하는 것에 대해 건의한다.
5. 지역 주민들이 자신들의 뉴스를 올릴 수 있도록 웹페이지를 만든다.

이처럼 언제나 구체적이 되도록 노력하라. 사람들은 놀랍게도 자주 '가난'이나 '동물의 권리' 같은 문제에 대해서 걱정하지만 정작 해결하고 싶은 것이 그 문제의 어떤 측면인지 분명한 생각을 갖지 못하고 있다. 누구도 가난을 완전히 해결할 수 없다. 왜냐하면 (존 러스킨이 지적했듯이) 빈부란 북쪽과 남쪽처럼 상대적인 개념이기 때문이다. 도대체 가난의 어떤 측면이 우리를 괴롭히는 것일까? 이 문제의 핵심을 이해하기 위해서는 어떤 것이 왜 문제가 되는지에 대해서 자신에게 끊임없이 질문해야 한다. 어떻게 가난이 문제라는 것을 이해하지 못할 수 있을까? 이 질문은 어리석게만 보인다. 그러나 무엇이 문제인지 구체적으로 이해하지 못하는 한 구체적인 해결책을 찾는 것도 기대할 수 없다.

만약 당신이 바로잡으려고 하는 것이 무엇인지 모른다면 그 문제는 절대 해결될 수 없다. 이 진술은 아무리 강조해도 지나치지 않다.

희망이란
문을 깨부수는 도끼다

 '빈곤'에 대해 우리가 가지고 있는 일반적인 걱정은, 먼저 그 일련의 과정을 신중하게 검토해야만 세상의 모든 사람들이 입고 먹는 문제에 대한 해결책을 모색할 수 있을 것이다. 여기서 우리는 우리가 가장 관심을 갖는 것이 입는 것인지 먹는 것인지 결정해야 한다. 그리고 무엇이 문제인지를 명확하게 인식했다면 우리가 생각했던 방향대로 도움을 주고 바로잡기 위해 움직일 수 있다.

 어떤 이유를 선택할지 결정했다면 이제는 우리가 취할 수 있는 다양한 방법을 고려해야 한다. 선거에 출마해 법을 바꾸기 위한 일을 할 것인가? 선거운동본부에 가입할 것인가? 아니면 '그냥' 혼자서 조용히 선행을 베풀 것인가?

 선택은 당신이 변화시키기 위해 노력하는 것이 무엇인지에 달려 있다. 모든 방법들은 각자 타당하고 나름의 결과를 만들어낼 수 있지만, 이와 동시에 부정적인 측면도 가지고 있다. 제도권 정치를 통해서라면 한 번에 많은 것을 이룰 수 있을지도 모른다. 하지만 그렇게 하려면 몇 년이 걸릴 테고, 우리는 그 과정에서 자주 타협을 요구받을 것이다. 가령 특정한 문제를 염두에 두고 정치에 입문하더라도 막상 정치를 하게 되면 특별한 소신도 없었던 다른 문제들 때문에 자신의 정치경력이 소진되는 것을 발견하게 될지 모른다.

반대로 우리가 혼자서 행동한다면 타협하지 않아도 되겠지만, 그럴 경우에는 뭔가를 충분히 이루었다는 만족감은 평생 느끼지 못할 것이다.

때로는 어떤 길을 선택해야 할지 더할 나위 없이 명백할 때가 있다. 영국의 변호사이자 환경운동가인 폴리 히긴스Polly Higgins는 생태계의 광범위한 파괴를 막을 수 있는 최선책은 '환경학살ecocide'이란 이름을 붙인 새로운 국제범죄 조항을 만드는 것이라는 결론을 내렸다.

그녀는 환경파괴를 일삼는 관행이 법률적으로 보장된다면, 기업은 자신들이 파괴적인 행위를 멈춘다 해도 다른 누군가는 하게 될 것이라는 얄팍한 근거에 기대 그 관행을 계속 일삼을 것이라고 주장한다. 그런 기업이 합법적인 테두리 안에 존재하는 한 그들은 계속해서 재정을 끌어다 쓸 것이며, 비용은 높지만 더 안전한 프로젝트에 쓰였을 연구를 계속할 것이다.

집단학살genocide 금지와 같은 국제법은 회사가 아닌 개인을 상대로 적용된다. 사람들은 '단지 명령에 따르는' 것만으로도 책임을 지게 된다. 그러므로 환경학살을 금지하는 법도 회사의 직원을 내부고발자로 만들 수 있다. 다시 말해 전 세계의 모든 개인들이 환경보호의 파수꾼이 되는 것이다.

히긴스는 1800년대 초 영국의 노예매매 폐지에 대한 글을 읽고 영감을 얻었다. 노예제도를 반대했던 운동가들은 노예들에 대한 처우 개선 등과 같은 단편적인 개선안을 추구하는 것은 아무 소용이 없다는 결론을 내렸다. 그들은 노예제도 자체를 완전히 폐지해야 한다고 생각했다. 당시 영국에서는 노예매매에 관여하는 회사가 300개나 되었다. 그들은 노예제도 폐지가 일자리 상실로 이어질 것이며 국민은 노예제도를 원한다고 주장하면서 노예제도 폐지에 맞서 강력히 저항했다. 그들은 노예의 처우개선을 약속하면서(잠자리에 신선한 건초를 깔아준다는 것이 그중 하나였다) 시장은 자율적으로 규제되도록 하는 것이 최선책이라고 주장했다. 그러나 결국 노예제도는 폐지되었고, 노예매매를 위해 지급되던 보조금은 다른 더 좋은 취지의 사업을 지원하는 데 쓰였다. 그 후 1년도 채 지나지 않아 노예를 매매하던 영국 회사들은 차나 도자기와 같은 더 수익성이 높은 소모품을 거래하게 되었다.

희망은 수동적인 생각이 아니다.
희망은 행동을 필요로 한다.

뭔가를 금지하고 법제화하는 것이 거대한 변화를 만드는 것은 아니다.

변화를 위한 운동을 계속 벌이고 있는 히긴스는 이렇게 말한다. "붕괴될 위기에 직면해 있는 조직이나 경제는 하룻밤 사이에도 자신들의 체계를 송두리째 바꿀 수 있다."

새로운 법을 만드는 것은 결코 작은 문제가 아니다. 불가능하다는 말이 아니라 우선 엄청난 노력이, 그리고 수많은 사람들이 필요하다는 말이다. 유엔에서 약 200개의 국가 대표들이 새로운 법의 필요성을 인정해야만 그것이 법으로 제정될 수 있는 것처럼 말이다.

최근에 나는 제도권 정치에서 수십 년간 헌신해온 한 여성에게 이런 이야기를 들려주었다. 그녀는 주요 정당의 평생 당원이었고 영국 의회에 출마한 경험도 있는 인물이었다. 변화를 만들어낼 수 있는 유일한 방법은 선거에 출마하거나 '올바른' 법을 제정하려는 사람에게 투표하는 것뿐이라는 그녀의 확고한 주장에 나는 깊은 인상을 받았다. 그녀는 의회가 노예제도를 폐지했다고 말했다. 동성애도 의회에서 합법화되었으며, 모든 아이들이 학교에 다녀야 한다는 의회의 결정이 있었기 때문에 교육도 발전할 수 있었다는 것이다.

나는 의회가 그런 법을 제정했다는 그녀의 설명에 동의했다. 하지만 국가 전체의 강력한 요청이 없었다면 의회는 그런 문제들을 두고 투표하지 않았을 것이라고, 그리고 실제로도 의회는 그럴 수 있는 권리를 갖지 못한다고 말했다.

　단순히 법을 제정하는 것만으로 큰 변화를 만들 수 있는 것은 아니다. 노예제도가 법적으로 폐지되기 전에도 사람들은 노예매매를 그만둘 수 있었고, 그 문제를 깊이 생각했던 많은 사람들이 실제로 그렇게 했다. 심지어 노예제도가 폐지되었음에도 오늘날까지 노예매매는 불법적으로 자행되고 있다. 마찬가지로, 동성애를 처벌하지 않는다고 해서 그것이 동성애자들이 일상의 편견으로부터 자유롭다는 뜻은 아니다. 의회가 부모에게 아이들을 학교에 보낼 의무가 있다고 법제화했지만 놀랍게도 많은 아이들이 학교를 그만둔 채 글도 읽지 못하고 있다.

　10세기 덴마크 출신의 영국 왕 크누드 1세Knud I는 신하들로부터 그의 권력이 너무도 막강해서 원하기만 한다면 파도도 멈출 수 있을 것이라는 말을 들었다. 그는 신하들의 말이 틀렸음을 증명하기 위해 해변으로 가서 파도를 향해 멈추라고 명령했다. 의회의 권력이 크누드 1세의 권력보다 강하지 않았다는 사실을 기억했으면 좋겠다. 단지 뭔가를 금지하고 법제화하는 것이 '필연적으로' 거대한 변화를 만드는 것은 아니다. 변화를 만드는 것은 결의를 따르겠다는 사람들의 결심이다. 우리가 보아왔듯이 의회의 개입 없이도 사람들은 자신의 행동을 변화시킬 수 있다.

만약 자신에게 세상을 변화시킬 능력이 있다고 생각하기를 바란다면, '스스로' 할 수 있는 방법에 관심을 갖는 것이 중요하다. 그것을 대신해줄 누군가를 기다리는 것은 자기 자신을 무기력하다고 느끼게 만드는 것이며, 필연적이고 유익한 책임감을 박탈하는 것이다. 미국의 작가이자 환경운동가인 레베카 솔닛Rebecca Solnit은 우리가 스스로 뭔가를 할 수 있다고 느끼지 않는다면 희망이란 없다고 말한다. "희망이란 소파에 앉아서 당첨되기만을 꿈꾸며 손에 꽉 쥐고 있는 복권이 아니다. 희망이란 문을 깨부수는 도끼이다. 희망은 행동을 필요로 한다."

일상에서 흔히 벌어지는 사례도 있다. 은행의 탐욕에 대해서 곧잘 비난을 퍼붓곤 했던 친구가 있었다. 그래서 나는 그에게 어느 은행을 이용하고 있는지 물었다. 뜻밖에도 그 은행은 역사적으로 온갖 종류의 불법 행위에 연루된 적이 있는 거대 글로벌 은행이었다. 그는 이어서 철도를 비롯한 그 밖의 공공사업과 함께 은행도 국영화되었으면 좋겠다고 말했다. 나는 그에게 그런 비슷한 생각을 가지고 있는 평범한 사람들이 엄격한 윤리적 투자 정책을 가지고 운영하는 협동조합은행 같은 곳으로 당장 거래처를 바꾸라고 충고해주었다. 자신이 당장 할 수 있는 일을 왜 의회가 강제적인 법을 만들 때까지(어쩌면 영원히) 기다리는가? 그 친구는 자신이 뭔가를 변화시키기에는 너무 게으르며, 어쨌든 의회가 윤리적인 은행 업무를 정책으로 만들고 그것이 모든 사람들에게 적용되어야 한다고 말했다.

정당을 대신해 몇 시간을 허비해가며 낯선 집 대문을 두드리는 사람이 자신을 '너무 게으르다'라고 말하는 것에 나는 무척 당황했다. 그래도 나는 은행을 바꾸는 것은 그리 많은 시간이 걸리지 않는 일이며, 모든 사람들이 은행 운영에 관심을 가지고 있는 대안 은행은 '이미' 여러 군데 있다고 확인해주었다. 만약 사람들이 그것을 원치 않는다고 하면? 괜찮다. 자신조차도 아무런 시도를 하지 않으면서 무슨 권리로 남들에게 그것을 강요할 수 있겠는가?

의회에 관해 우리가 할 수 있는 최선의 말은, 완벽하게는 아닐지라도 다수의 의지를 반영한 법을 제정한다는 것이다. 내 친구처럼 현재 상황이 불행하다고 느끼는 사람들은 의회가 새로운 법을 제정해주기만 한다면 자신의 비전을 다른 모든 사람들에게도 강요할 수 있을 것이라고 생각한다. 그러나 그런 일이 일어나려면 우리는 정부와 전쟁을 치러야 할지도 모른다는 생각이 가끔 든다.

비폭력행동을 위한 198가지 지침

과거에 변화를 시도했던 사람들은 대개 아주 자발적으로, 그리고 직관적으로 그렇게 했다. 진 샤프는 만약 그들이 이전에 했던 행동에 대해서 더 잘 이해했다면 얼마나 더 효과적인 결과를 얻을 수 있었을지 궁금했다. 그래서 그는 비폭력행동의 방법들을 목록화하기 시작했는데 몇 년 동안 198가지에 멈춰 있다('비폭력행동'이란 말은 덜 우아해 보일 뿐만 아니라 일부 사람들에게는 반문화적인 인상마저 줄 수 있다. 그러나 폭력이 개입되지 않은 변화를 만드는 일상의 방법들에 대해서 더 잘 설명할 수 있는 말을 아직 누구도 찾지 못했다).

샤프의 목록에는, 멀게는 최초로 역사를 기록한 때까지 거슬러 올라가서 전 세계에서 찾아볼 수 있는 다양한 예들이 포함되어 있다. 67번 '노동자들의 도피'는 모세와 이스라엘 민족이 파라오의 압제에 대한 불만을 표현하는 방법으로 사용되었던 것이다. 90번 '수익 은폐'는 고대 중국에서 과도한 세금 징수를 거부했던 사람들이 썼던 방식이다. 그들은 관리들이 세금을 걷기 위해 온다는 것을 알고 재산을 땅에 묻은 뒤 산으로 도망쳤다. 57번 '뤼시스트라타Lysistrata식 비행동 투쟁'**은 전쟁을 좋아하는 남자들과 성관계를 거부함으로써 전쟁을 종식시키려고 했던 고대 그리스 여성들이 사용했던 방식이다. 그런데 샤프는 이 방식이 최근 역사에서 이로쿼이족Iroquois과 남로디지아Southern Rhodesia의 여성들이 사용한 행동방식이라는 증거를 찾아냈다. 아주 최근에는 케냐에서도 대통령 영부인을 포함한 여성들이 이 방법을 사용했다.

  2번 '반대 또는 지지 편지'와 같은 일부 행동방식들은 따분할 정도로 너무 익숙하다. 그래도 그 방법들은 특정 상황에서 여전히 효과를 발휘한다. 단, 편지를 쓰는 데에도 용기가 필요하다. 중국 소설가 장융張戎은 《대륙의 딸》에서 자신의 가족이 문화혁명기에 겪었던 엄청난 시련에 대해 썼다. 시련을 겪었던 가장 큰 이유는, 충성스러운 고위 당원이었던 그녀의 아버지가 마오쩌둥毛澤東 위원장에게 걱정하는 내용의 편지를 쓴 것 때문이었다. 사상의 자유를 허용하는 국가에서조차도 일반적 합의에 반하는 내용을 서면화하는 것은 매우 위험할 수 있다. 감금되지는 않겠지만 적어도 직장을 잃을 수는 있다.

텐안먼 광장에서 탱크를 가로막고 섰던 이름 모를 한 중국인 청년이 실행한 171번 '비폭력 외침'과 같은 행동들은 신체적인 대담성을 필요로 한다. 66번 '전면적인 개인적 비협조' 역시도 신체적인 대담성을 필요로 한다. 2차 세계대전 중 코베트 비숍Corbett Bishop이라는 미국의 양심적인 저항운동가는 먹고 입고 심지어 서는 것조차도 거부했다. 축 늘어진 몸으로 그는 법정과 여러 감옥을 끌려다녔다. 먹을 것은 튜브를 통해 강제로 투입되었다. 다수의 언론이 이를 널리 알린 후, 마침내 그는 그 무엇과도 타협하지 않고 풀려났다.

샤프가 엮은 수많은 행동방식들은 주로 한 사람 이상의 참여를 필요로 한다. 193번 '행정 업무에 과부하 걸기'는 베트남전쟁 당시 미국에서 사용되었던 저항이다. 당시 징병에 관련된 법에 따르면, 징집 대상자들은 '주소나 신변상에 어떤 변화'가 있을 시 10일 안에 고지하도록 되어 있었다. 전쟁에 반대했던 많은 사람들은 그 내용을 고의로 진지하게 받아들여서 공무원들을 당혹시켰다. 같은 집에서 방을 옮겼다고 적어낸 사람이 있는가 하면 여행을 가려고 생각 중이라고 써냈다가 다시 마음이 바뀌었다고 쓴 사람도 있었다. 이와 같은 행동 전략이 최근에는 정부 컴퓨터 시스템을 무너뜨리는 데 사용되고 있다.

샤프의 198가지 비폭력행동의 방법은 이 책 맨 뒤에 실려 있으며, 더 공부해볼 가치가 있다. 각 항목들에 대한 면밀한 조사를 통해서 우리는 다양한 행동방식 간의 커다란 차이점을 알게 되었다.

샤프는 첫 번째 비폭력행동에서 '저항'이라는 일반적 주제 아래 다양한 행동방식을 소개했다. 그런데 만약 이 단어를 피하고 싶다면 '의식 고취'라고 생각하는 것도 좋겠다.

두 번째 비폭력행동 주제는 '비협조'이다. 싫어하는 조직 또는 사람과의 관계를 중단한다거나 노동자를 착취하는 회사의 물건을 사지 않는 것, 이산화탄소 배출을 줄이기 위해서 비행기를 타지 않는 것 등이 여기에 속한다.

세 번째 주제는 현재 작동하고 있는 시스템의 대안을 구축함으로써, 현재 상황에 저항하기 위해 적극적으로 개입하는 것이다. 다시 말해, 이런 혁신은 경멸적인 의미에서 특별히 '대안'적일 필요가 없다. 또한 현재 상황에 위협을 가할 필요도 없다.

이와 관련된 아주 멋진 성공 사례로 로버트 베이든 파월 Robert Baden-Powell이라는 군인이 만든 스카우트 운동을 들 수 있다. 그가 이 운동을 시작하게 된 까닭은 보어전쟁 당시 영국군에 징집된 신병들의 열악한 상태에 당혹감을 느꼈기 때문이었다. 그는 무슨 수를 써야겠다고 결심했고, 몇 명의 청년들과 함께 작은 섬으로 들어가 야영을 시작했다. 이런 미약한 시작에도 불구하고 (그리고 그의 편협한 친영국주의와 군사적 동기에도 불구하고) 스카우트 운동은 전 세계로 퍼져나가 완전히 주류로 자리 잡았다.

당장 따라 해보고 싶은, 재치 있고 우아한 저항

전쟁에서와 마찬가지로 비폭력행동에 있어서도 전술을 선택하기에 앞서 전략을 잘 짜는 것이 필요하다. 그러나 철회(탈퇴)나 적개심으로 뭉친 감정이 항상 부정적일 필요는 없다.

예를 들어 빠르고 정확한 시간에 배달하기로 유명한 일본의 한 운송업체 노조는 임금 인상 요구를 위해 '빠른 배송' 투쟁을 고안했다. 영국에서도 이와 비슷한 예를 찾을 수 있다. 어떤 도서관이 예산 삭감으로 인해 문을 닫을 위기에 처해 있었다. 그러자 지역 주민들이 합심해서 도서관 선반에 남아 있는 모든 책을 대여한 것이다(재치 있게도 주민들은 마지막으로 대여할 책이 메리 노튼Mary Norton의 《바로우어즈The

Borrowers)가 되도록 일을 꾸몄다). 말하자면, 주민들은 자신들이 정말로 도서관을 이용한다는 것을 보여줌으로써 도서관을 폐쇄하는 계획에 저항했던 것이다.

이런 전술은 너무 우아해서 빤하고 심지어 하찮게까지 보일 지경이다. 하지만 달리 생각해보자. 우리는 이와 비슷한 상황에서 절망에 빠진 채 시장에게 페인트를 뿌린다든지, 단식투쟁을 하는 식의 다른 전술을 택하는 서투른 사람들을 보기도 한다.

우리의 경우에는 어떤 기술이 필요한지 어떻게 결정할 수 있을까? 혼자서 또는 친구들의 도움을 받아 브레인스토밍으로 시작할 수 있을 것이다. 친구들이 우리와 같은 열망을 가지고 있는지 아닌지는 중요하지 않다. 다만 기꺼이 그런 척이라도 하면서 생각을 제시하면 된다. 당신의 관점을 공유하지 '않는' 친구들이라면 이 연습을 더 즐길 수도 있다. 그것이 그들을 더 자유롭게 생각하도록 풀어줄 것이기 때문이다.

10여 년 전에 실시됐던 심리실험 하나를 살펴보자. 창의력 테스트에서 형편없는 점수를 받은 사업가들이 '만약 당신이 히피라면'이라는 질문을 받고 다시 테스트를 받았다. 그러자 그렇게도 따분했던 사람들이 놀랄 만큼 창의적으로 바뀐 것이다. 이와 마찬가지로 만약 당신과 관심사가 일치하지 않는 사람들을 그냥 자신과 같은 생각을 하는 것처럼 인정한다면, 원래 같은 생각을 하고 있던 사람들보다 훨씬 좋은 아이디어를 낼지도 모른다.

브레인스토밍을 혼자서 또는 다른 사람들과 할 때 중요한 것은 그 생각들을 종이에 적는 것이다. 솔직하든 장난스럽든, 실용적이든 실용적이지 않든 상관없다. 스스로 생각을 제한하거나 설명하거나 변명하지 말고 무엇이든지 머리에 떠오르는 대로 적는 것이다. 또한 그 과정이 끝날 때까지는 다른 사람의 생각을 비난하거나 칭찬하지도 말아야 한다.

많은 생각의 항목들이 모였을 때(적어도 20개 이상은 됐을 때), 이를 신중하게 읽어보라. 거기서 다시 별로 도움이 안 될 것 같은 항목을 삭제하라. 그런 다음 다시 새로운 눈으로 항목들을 훑어보고 가장 도움이 많이 될 것 같은 항목들을 골라낸다. 단 5분간의 브레인스토밍으로 당신은 천재에 근접한 생각들을 발견하게 될지도 모른다.

* 재위기간 1016~1035년. ㅋ누트Canute 대왕이라고도 불린다. 잉글랜드, 덴마크, 노르웨이에서 왕위에 올랐으며, 영국에서 스칸디나비아 반도에 걸친 대제국을 건설했다.

** 기원전 410년에 쓰인 아리스토파네스의 희극 《뤼시스트라타》는 펠로폰네소스전쟁 당시 아테네 여성들의 '성 파업'(남편과의 잠자리 거부 운동)을 주도해 남편들이 전쟁을 끝내고 평화를 선택하도록 이끈 여성의 이야기다. 여러 반전운동과 여권신장운동에 인용되었다.

*** 북아메리카 동부 삼림지대에 거주하는 아메리카 인디언.

**** 오늘날의 짐바브웨.

***** 1952년에 발표된 이 작품은 영국의 아동문학가였던 메리 노튼의 대표적인 판타지 동화이다. '바로우어즈'는 인간과 똑같은 생김새를 지닌 작은 종족으로, 필요한 것이 생길 때마다 사람들의 물건을 가져다 쓰지만 정작 자신들은 '빌려borrow' 쓰는 것이라 주장한다. 국내에는 《마루 밑 바로우어즈》로 출간되었고, 스튜디오 지브리에서 '마루 밑 아리에티'란 영화로 제작되었다.

우리 주변에 있는 변화의 실마리들

Chap 4 Bearing Witness

목격자들은 언제 어디서나 중요한 역할을 한다

 모든 사람이 자신의 특별한 임무를 자각하게 되는 것은 아니다. 하지만 그것이 우리의 강력한 영향력을 막을 수는 없다. 우리는 바로잡아야 할 것들에 관한 소식을 전하고, 그런 것들을 바로잡으려는 사람들의 시도가 힘을 얻을 수 있도록 도와주는 것만으로도 세상을 변화시킬 수 있기 때문이다.

 비관론자들은 우리의 문제를 지적하는 쪽에 끌릴 것이다. 낙관론자들은 해결책을 이야기하고 제시하는 것을 좋아할 것이다. 이 두 종류의 메시지는 사람들의 성격에 따라 다르게 적용될 것이다. 그러나

이 둘이 담고 있는 정보는 모두 중요하다. 당신은 이미 알고 있을지라도 더 강조해야 할 것(더 중요하게는 당신이 관심을 갖고 있는 문제와 그 해결책의 '종류들')을 찾아내 사람들에게 전해줄 이야기에 주의를 기울여야 한다. 심각한 기후변화에 대해서 이야기하고 있는가? 상점들의 폐업? 사람들의 형편없는 매너? 아니면 흥미를 끄는 새로운 발명품에 열광하고, 영감을 주는 이벤트를 볼 수 있는 기회에 관해 말하는 것을 좋아하는가? 만약 이것이 별 효과가 없다면 주말 동안 몇 종류의 신문을 읽고 그 요점을 정리해보자. 어떤 이야기가 당신을 사로잡았는가? 문제에 더 관심을 보였는가, 해결책에 더 관심을 보였는가? 쉽게 써지지 않는다고 걱정할 필요는 없다. 목격자의 위치에 있는 것은 세상을 변화시키는 데 언제나 중요한 부분을 차지했다.

어릴 때 마오쩌둥을 숭배했던 장융에게도 깨달음의 과정은 서서히 진행되었다. 결정적으로 그녀는 다른 사람들과 (비록 가까운 친인척이기는 했지만) 함께 다양한 질문을 던질 수 있었다. 《대륙의 딸》에서 그녀는 남동생 진밍京明의 정부에 대한 회의적 시각이 끼쳤던 영향에 대해서 토론했다.

진밍은 종종 회의적인 평가를 내렸다. (…) 그것이 우리를 계속 웃게 만들었다. 유머가 위험한 것으로 간주됐던 그 시대에 그것은 특별한 일이었다. 위선적으로 '혁명'을 부르짖었던 마오쩌둥은 진정한 탐구나 회의론을 원치 않았다. 회의적인 방식으로 생각할 수 있다는 것은 깨달음을 향한 나의 첫 발걸음이었다. 진밍은 융통성 없는 내 사고 습관을 무너뜨리도록 도와주었다.

교양 있고, 탐구적이고, 회의적인 이런 목소리들의 중요성은 절대 과소평가될 수 없다. 장융의 생각뿐 아니라 그녀 주변의 수많은 중국인들의 생각은 법이나 전략이나 반항에 의해서 바뀐 것이 아니라 그들 주변에서 들은 것으로 인해 바뀌었다.

마오쩌둥의 유능한 대리인 저우언라이周恩來가 사망했을 때, 마오쩌둥의 아내 장칭江靑과 이른바 '4인방四人幇'으로 알려진 그녀의 잔당들은 저우언라이의 죽음을 애도하지 말 것을 명령했다. 그러나 많은 사람들이 그 명령을 무시했고 장칭에 대한 반대 의사를 표현하기 위해 일부러라도 애도를 표했다. 얼마 지나지 않아 중국 전역에서 작은 시위들이 목격되기 시작했다. 계속되는 대중 집회에서 연설자들은 준비한 원고를 감정 없는 밋밋한 목소리로 낭독했고, 청중들은 돌아다니면서 잡담을 하거나 뜨개질을 하거나 심지어 잠을 자기도 했다. 전복시키기 위한 행위로서 이런 작은 행동들은 하찮게 보일 것이다. 하지만 작은 행동들이 쌓이고 쌓인 영향은 엄청났다. 그리고 그의 아내 장칭과 4인방은 얼마 안 가 체포되었다.

세일즈맨처럼 주위의 사람들을 설득하라

인식과 깨달음을 확산시키기 위해 좀 더 직접적인 접근법을 취하기로 결정했다면 조심스럽게 진행해야 한다. 누군가에게 뭔가를 하게 만들 수 있는 방법은 하나밖에 없다는 것을 기억해야 한다. 그들이 그것을 '하고 싶게' 만드는 것. 그리고 그것은 심지어 그들의 생각을 바꾸는 데에도 적용된다.

데일 카네기Dale Carnegie는 베스트셀러가 된 자기계발 안내서 《인간관계론》에서 자신과 생각이 다른 것에 관해 토론을 시작하지 말고, 의견이 일치하는 부분을 강조하는 것으로 토론을 시작하라고 조언했다. 이는 다른 사람들에게 '예, 예'라고 대답하게 함으로써 결국 '아니오'라고 말하지 못하게 한다는 것이다. 상대방이 일단 '아니오'라고 말하게 되면, 그 생각을 바꾸는 것이 체면을 잃는 것이라고 생각할 수도 있기 때문이다. 만약 당신이 상대방의 관심사를 이해하려고 노력한다면 그들에게 '예'라고 말하게 하기가 훨씬 수월해진다. 카네기는 타인의 관점에서 사물이나 상황을 보기 위해 진심으로 노력하라고 덧붙인다. 꾸미려고 해서는 안 된다. 진심이 아닌 것은 소용이 없기 때문이다.

이것이 바로 세일즈맨들이 일하는 방식이다. 이것은 또한 고대 그리스 철학자 소크라테스가 사용한 방식이기도 하다. 그는 사람들이 긍정적인 대답을 할 가능성이 높은 질문들을 던졌다. 그리고 계속 그런 질문을 던지면서 그들 자신도 알지 못하는 사이에 조금 전까지만 해도 거부했던 것을 받아들이도록 만든 것이다.

내 경험에서도 이와 비슷한 예를 하나 들어보겠다. 친구와 나눠 쓰던 아파트의 주인이 연말에 집세를 올려달라고 요구했다. 우리는 집세를 올려줄 형편이 못 되었다. 나는 주인에게 애석하게도 집을 비울 수밖에 없을 것 같다고 말하면서 세입자인 우리가 마음에 들었는지 물었다. 주인은 '그렇다'고 말했다. 이어서 주인에게 새로운 세입자를 구하려면 부동산 중개인에게 수수료를 내야 하지 않느냐고 물었다. 주인은 침울한 목소리로 '그렇다'고 말했다. 나는 다시 만약 세입자가 들어오기까지 잠시라도 집을 비우면 돈을 까먹는 꼴이 아니냐고 물었다. 주인은 '그렇다'고 말했다. 나는 아파트를 최소한 2주 만이라도 비어두게 되면 집세를 올려도 결과적으로는 손실이 된다고 지적해주었다. 주인은 그럴 가능성이 있다고 생각했을까?

그랬다. 힘을 얻은 나는, 심지어 부동산 수수료도 다시 지불하고 새로운 세입자와도 잘 지내지 못하게 될지도 모른다고 덧붙였다. 그렇게 따져보면 차라리 집세를 올리지 않고 우리와 그냥 사는 게 더 낫지 않겠는가? 주인은 '그렇다'고 말했고, 우리는 1년을 더 그곳에서 살 수 있었다.

변화에 대한 희망은 빠르게 전염된다

이런 종류의 솔직한 대화가 항상 우리가 원하는 방식으로 풀리지는 않을 것이다. 하지만 그것은 분명 스트레스와 짜증을 불러일으키는 거친 대결보다 훨씬 낫다. 물론 그와 반대로 상황이 훨씬 더 나빠

질 수도 있을 것이다. 예를 들어 사람들에게 '주체감sense of agency'을 부여하지 않은 채 환경파괴에 대한 설교를 펼치는 것은, 상대방에게 스트레스를 줄 뿐만 아니라 심지어 불쾌감을 유발할 수도 있다. 빅터 프랭클이 말했듯이, 역경에 대처하기 위해서는 목적의식이 필요하기 때문이다. 바로 그러한 이유 때문에 장기 실직자들에게서 의욕 상실감의 수치가 더 높게 나타나는 것이다.

영국의 철학자 레이먼드 윌리엄스Raymond Williams의 말을 조금 다르게 표현하면, 절망감을 앞세워 사람들을 설득하려 하지 말고 희망의 가능성을 내세워 설득하는 것이 중요하다.***

이것은 트레나 코맥Trenna Cormack이 실행하려고 노력했던 것이다. 그녀는 불행의 예언자가 되는 대신에 희망의 예언자가 되었다. 몇 년 전 어떤 파티에서 한 젊은 여성(코맥)이 내게 다가오더니 자신이 쓰고 직접 출간한 책을 봐줄 용의가 있는지 물었다. 나는 단지 예의상 그러겠다고 말했다. 그런데 그 책을 보고 나는 큰 감동을 받았다. 코맥은 '변화하라Be The Change'(이 문구는 간디가 우리에게 요청한 말, "여러분이 이 세상에서 보고자 하는 그런 변화가 되십시오.Be the change you wish to see in the world."에서 따온 것이었다)라는 이름의 행사에 돈을 내고 청중으로 참여한 적이 있었다. 그 행사에서 연설가들이 다룬 화제는 환경위기나 사회비리 등과 같이 다양했는데 때때로 연설자들이 음울한 어조로 강연을 하기도 했지만 전반적으로 희망적이라는 사실에 코맥은 놀랐다. "내가 있던 그 강연장 안은, 더 나은 세상을 만드는 것에 관해 열렬한 관심을 가진 사람들로 가득했어요." 사흘간 계속된 행사에서, 사람들은 영감을 불러일으키는 다양한 활동을 하고 있는 많은 연설가들로부터 강연을 들었다. "나는 혼자 생각했죠. '정말 대단해! 누군가는 이런 내용의 책을 써야만 해.'"

그리고 나서 강연자들은 청중을 향해 질문을 던졌다. "이 행사는 강연자들만을 위한 자리가 아닙니다. 자기 자신이 보고자 하는 그런 변화가 되기 위해서 여러분은 무엇을 해야 할까요? 자기 자신의 변화를 위해 할 수 있는 일은 무엇일까요?" 그때 코맥은 책을 써야 할 사람이 바로 자신이라는 것을 깨달았다. 그녀는 곧 준비에 착수했다. 자신에게 영감을 준 수십 명의 사람들을 인터뷰하고 그 정리된 내용을 토대로 책을 출간한 뒤 직접 홍보를 하러 다녔던 것이다. 그녀는 자신의 특별한 명분을 강조하지 않았다. 대신 다른 사람들의 명분을 더 잘 알리려고 노력했다.

캐나다의 미술품 거래상 프레드 멀더Fred Mulder도 그녀와 아주 비슷한 일을 했다. 그는 다루기 힘든 문제들을 해결하기 위해서 적극적으로 노력하는 사람들을 널리 알리는 일을 했다. 멀더는 선의로 돈을 기부하곤 했지만 만족감을 느끼지 못했다. 그러다 여러 사람들과 어울리게 되었고 '펀딩 네트워크The Funding Network'란 이름의 자선가들을 위한(자선할 돈이 그리 많지 않은 자선가들을 위한) 단체를 설립하게 되었다. 이 단체는 사회변화 프로젝트에 대해 함께 배우고, 그런 프로젝트가 지속될 수 있도록 자금을 제공한다. 펀딩 네트워크의 정기 행사에는 흥미롭고 가치 있는 명분을 대변하는 사람들이 초빙되어 미래의 투자자가 될 펀딩 네트워크 청중들에게 연설을 하기도 한다. 펀딩 네트워크는 10년이 채 지나지 않아 수천 명의 후원자들이 수백 개의 선의의 프로젝트를 위해서 수백만 파운드의 기금을 모금했고, 지금도 이 네트워크 소속 단체들이 전 세계적으로 설립되고 있다.

그러나 우리 모두가 코맥과 멀더가 한 것과 같은 노력을 할 필요는 없다. 여기저기서 우연히 흘러나오는 말들도 도움이 될 수 있다. 아주 드문 일이었는데, 내 친구 하나가 알코올중독자갱생회AA : Alcoholics Anonymous에서 자신이 받은 도움에 대해 말해준 적이 있었다. 그 전까지 나는 AA에 대해 거의 모르고 있었지만 그에게서 들은 말 덕분에 도움이 절실히 필요했던 또 다른 친한 친구에게 AA를 추천해주었고, 결국 그 도움으로 그 친구는 완전히 새사람이 되었다.

* 1976년 마오쩌둥 사망 이후 권력 계승을 위한 중국공산당 내부의 권력투쟁 중 비밀리에 만들어진 조직.
** 심리치료에서 사용되는 용어로, 스스로 의지를 세우고 실행하고 통제할 수 있다는 주체적 자각.
*** 영국의 문화비평가 레이먼드 윌리엄스는 마르크스주의에 기초하여 '문화유물론cultural materialism' 이란 용어를 창시했으며, 현대 대중문화이론 연구의 아버지로 평가받는다. 주요 저서로 《마르크스주의와 문학》, 《기나긴 혁명》 등이 있다. 여기서 언급한 윌리엄스의 본래 진술은 다음과 같다. "진정한 급진주의자는 절망을 확신하게 만드는 것이 아니라 희망을 가능하게 만든다."

나와 내 주변의 상황을 이용하는 방법

Chap 5 What You Will Need

내가 할 수 있는 일을
누구와 함께할 것인가?

 이제 당신은 뭔가를 돕고 싶어 하는 이유의 종류가 무엇인지, 그 안에서 당신의 위치가 어디쯤 해당하는지를 알아냈어야 한다. 그럼으로써 우리는 모험을 시작할 준비가 된 것이다. 그런데 마지막으로 꼭 필요한 것이 하나 남았다. 우리에게 어떤 자원이나 역량이 필요하며 누구와 함께할 것인지를 고려하는 것이다.

 물질적인 자원도 물론 중요하지만 지금 이 순간 내 머릿속에 떠오른 것은 기술, 경험, 정신적·감정적 능력 등과 같은 개인적인 자질이다. 당신이 이력서에 기록할 수도 있고 아마 기록하지 않을 수도 있는 것들이다.

내가 가진 기술을 좀 더 잘 이해하기 위해서, 나는 최근 나의 직업 경력을 작성해보았다. 거기에는 그냥 취미로 했던 일, 명절에만 잠시 파트타임으로 했던 일, 귀찮았지만 의무감 때문에 했던 일 등이 모두 기록되었다. 나는 지금부터 내 자신을 작가로만 생각하지 않기로 결심했다. 나의 직업은 예술가, 제빵업자, 직업상담사, 목수, 청소부, 요리사, 카피라이터, 도배업자, 개 산책시켜주는 사람, 영어교사, 영화제작자, 지도제작자, 자전거 배달부, 택시 운전기사, 시인, 경찰 소속 어린이 경호원, 자격증 있는 응급치료사, 인쇄업자, 출판업자, 쓰레기 수거업자, 스카우트 순찰대장, 중고도서 판매상, 재단사, 타이피스트, 웨이터, 주방 설거지 보조 등등 수없이 많다. 나는 이 목록을 작성하는 것이 나의 자긍심을 한층 높여주었다고 자신 있게 말할 수 있다.

근무 경력, 기술, 취미 등 무엇이든지 목록에 작성할 수 있다. 그러나 우리가 자신의 한계나 단점 속에서 잠재력을 찾는 경우는 드물다. 그 안에서 가치 있는 것을 발견하게 되면 아마도 적잖이 놀랄 것이다. 역설같이 들리지만 사실이다.

리처드 레이놀즈Richard Reynolds를 예로 들어보자. 그는 초록 공간이 거의 없는 런던의 고층 아파트에 산다. 몇 년 전 그는 자기 집 근처에 있는 넓은 로터리의 작은 정원을 청소하기 시작했다. 사람들이 버린 담배꽁초들도 다 주웠다. 그리고 나서 화초를 심기 시작했다. 시간이 흐르면서 어떤 식물이 잘 자라고 어떤 식물이 잘 자라지 않는지 알게 되었다. 때때로 반달족vandals이 나타나 심어놓은 화초들을 짓밟아놓기도 했다. 또 어떤 날은 그에게 그런 일을 할 권리가 없다며 그만두라고 명령하는 지역 공무원들과 충돌하기도 했다. 하지만 그가 하는 일에 영감을 받은 동네 사람들이 하나둘 동참하기 시작했다. 사람들은 넓은 교통섬을 포함해 다른 장소로까지 옮겨가 라벤더 꽃을 줄지어 심었다. 시간이 흐르자 레이놀즈의 활동에 대한 소문이 돌았고 다른 지역에서도 그와 비슷한 일을 하고 있다는 소식이 전해졌다.

그들은 그렇게 '게릴라 가드너guerrilla gardeners' 운동을 시작했고 이 운동 또한 유명세를 타게 되었다. 얼마 전 나는 런던의 한 대형 백화점에 갔다가 레이놀즈의 얼굴이 붙여진 '게릴라 가드닝 키트'란 상품이 전시되어 있는 것을 보았다. 그가 심었던 꽃씨들이 다양한 방식으로 호황을 누리고 있었다. 여기서 기억해야 할 것은 레이놀즈의 성공이 매우 특이한 상황에서 비롯되었다는 사실이다. 정작 그에게는 자신의 정원이 없었으니 말이다.

우리에게 필요한 것은
이미 우리가 가지고 있다

우리가 가진 단점과 실패, 그리고 부족한 것들 속에서 잠재력을 발견하려면 우리 삶 전체를 새로운 시각으로 바라보아야 한다. 삶의 가치를 인식한다는 것은 언젠가는 변하게 될 우리의 자원이 아니라 삶을 바라보는 우리의 방식을 인식하는 것이다. 이는 삶을 변화시킬 기회를 간과하거나 희피하는 것이 아니라 단단히 붙잡는 것을 의미한다. 그것은 창의력을 발휘하고 긍정적인 측면을 보는 것이다. 즉, 단순히 즐거움을 위해 설득력 없고 미심쩍은 근거들을 제시하는 것이 아니라 진정한 가치와 잠재력을 발견하는 것이다. 그렇게 한다면 십중팔구 우리는 별로 생각하고 싶지 않았던 부분에서 뜻밖의 장점을 발견하게 될 것이다.

가장 강한 사람은 가장 큰 시련을 이겨낸 사람이라고들 말한다(니체는 이것을 두고 "나를 죽이지 못하는 것은 나를 강하게 만든다."고 말했다).

자선단체 '피스 다이렉트Peace Direct'는 전 세계의 지역 평화주의자들에게 재정지원 및 조언을 제공하고 있다. 이 일을 하는 많은 사람들은 이전에 소년병사로서 부끄러운 행동을 했던 경험을 가지고 있다. 일반적으로 그런 배경은 단점으로 여겨지겠지만, 이 경우에는 다른 사람들이 평화를 찾도록 도와주는 데 더욱 훌륭한 자격을 부여해주었다.

달리 표현하면, 우리가 필요로 하는 것은 이미 우리가 가지고 있을 때가 많다.

좀 덜 놀라운 표현이기는 한데, 이렇게 생각해보면 어떨까. 우리가 지루하다고 생각했던 일이 결국은 훌륭한 성과를 이룰 수 있도록 도와주는 수단이 된다. 아주 오래된 불교의 '좌선 노래'에서 하쿠인 에카쿠白隱慧鶴 선사는 이렇게 썼다. "물속에서 목마르다고 울부짖는 사람처럼 가까운 곳의 진리를 모르고 먼 곳의 진리를 찾는 사람들은 얼마나 어리석은가!"

이 말은 냉전시대에 있었던 한 가지 일화를 설명해주는 것 같다. 러시아와 미국이 우주 진출을 놓고 치열한 경쟁을 펼치고 있을 때 폴 피셔Paul Fisher라는 한 미국인이 사재를 털어서 우주에서도 쓸 수 있는 펜을 개발했다. 당연히 미항공우주국NASA은 그 펜을 구입해서 우주비

행사들에게 나누어 주었다. 그러는 사이 러시아에서는 임시변통으로 대체품을 선보였는데, 그것은 너무도 평범해서 나사조차도 간과해버린 물건이었다. 그것은 다름 아닌 연필이었다.

먼저 우리가 가지고 있는 자원을 꼼꼼하게 살펴보고, 그런 다음 협력자를 결정하기 위한 과학적 접근을 시도해야 한다. 앞에서 줄곧 보아왔듯이 우리는 전적으로 혼자서 그 엄청난 일을 이룰 수가 없기 때문이다.

의외로 사람들은 도와달라는 요청을 좋아한다

크리스 존스톤은, 약물 및 알코올중독자들과 함께 일하면서 그들 각자에게 상호지지 연결망 지도를 작성해보도록 했다. 이것은 우리에게도 도움이 될 테니 한 번쯤은 시도해볼 만하다. 우선 종이 한 가운데에 자기 이름을 적고, 그 주위에 당신에게 주로 도움을 주는 사람들의 이름을 적는다. 그런 다음 그들의 이름에서 당신 이름으로 향하는 화살표를 그린다. 당신이 받는 도움의 정도를 나타낼 수 있도록 화살표의 두께를 다르게 표시한다(화살표가 두꺼울수록 당신에게 많은 도움을 준다는 의미이다). 이제 화살표를 반대 방향으로 그려서 당신이 다른 사람에게 주는 도움을 표시한다. 필요하다면 이름을 더 추가해도 된다.

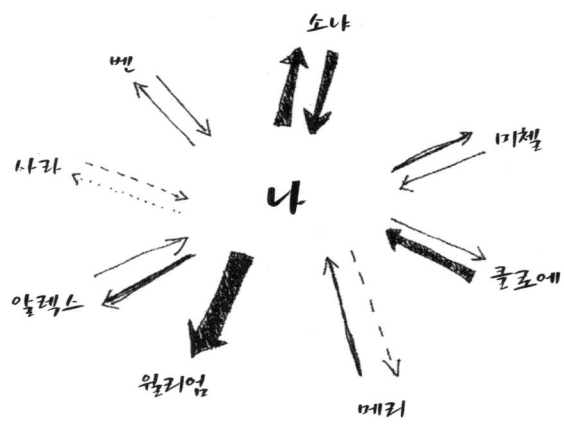

당신을 둘러싼 사람들 간의 연결망 지도가 완성됐다면, 이제 당신이 변화시키고 싶은 부분이 있는지 생각해본다. 예를 들어 더 돈독하게 만들고 싶은 관계는 무엇이고 반대로 조금 멀리하고 싶은 관계는 무엇인가? 가령 내가 제시한 예에서, 나는 윌리엄에게 많은 도움을 주고 있지만 그에게서 받는 것은 없음을 알 수 있다. 반면 클로에는 나에게 많은 도움을 주고 있지만 내가 그녀에게 주는 것은 미미하다.

존스톤의 설명어 따르면 가장 성공적인 관계는 굵은 화살표가 한 쪽으로만 그려져 있는 관계, 즉 한쪽만 많이 주거나 받는 관계가 아니라 상호작용이 이루어지는 관계이다. "이것은 당신의 인생에서 매우 가치 있는 자원이다. 이를 소중히 여겨야 한다. 상호작용이 이루어지는 관계가 일방적인 관계보다 훨씬 강하다."

이제 존스톤은 자신만의 상호지지 연결망이 완성됐으면, 사람들에게 가서 당신이 하고자 하는 일을 말하고 솔직히 도움을 청하라고 제안한다. 그렇게 해야만 당신이 다가갔을 때 그들이 단순히 지지의 뜻으로 고개를 끄덕이는 것보다 더 많은 것을 자유롭게 해줄 수 있기 때문이다. 그들은 당신에게 아이디어를 제시하기 시작할 것이다. 그리고 어쩌면 당신의 프로젝트를 자신의 것으로 만들지도 모른다.

본능적으로 우리는 이렇게 도움을 청하는 것이 어렵다고 생각한다. 남에게 부담을 주거나 폐를 끼치는 것일지도 모른다고 생각한다. 그러나 사람들이 도움을 요청받는 것을 좋아한다는 증거는 꽤 많다. 좀 으쓱해지게 만드는 경향이 있기 때문이다. 도움 요청을 좋아하지 않는 유일한 이유는 거절할 방법을 못 찾을 수도 있다는 두려움 때문이다. 그래서 사람들에게 도움을 요청할 때는 지금이든 미래의 언제든,

이유가 어쨌든 간에 자신의 도움을 거절해도 아무런 상관이 없다는 사실을 분명히 해야 한다.

만약 그들이 얼마든지 자유롭게 거절할 수 있다는 것을 알게 된다면, 실제로 거절하게 될 일은 거의 없을 것이다. 결국 그들과 함께 당신은 큰일을 해낼 수 있다.

*반달족은 역사적으로 로마제국을 침범한 게르만족의 일파를 말하는데, 이들의 무자비한 파괴 행위에서 유래되어 예술문화나 공공시설을 의도적으로 파괴하는 사람들을 일컫는 말로도 사용한다.

세상을 위한
아주 작은
첫 발걸음

Chap 6 Taking a First Step

아주 사소한 행동들도 모이면 거대한 힘이 된다

  지금까지 우리를 행동으로 이끄는 힘에 대해 살펴보고, 거기에 필요한 행동과 우리가 사용할 수 있는 기술, 그리고 우리에게 필요한 역량과 협력자들을 신중히 검토해보았다.

  이제 우리는 첫 번째 발걸음을 뗄 준비를 해야 한다. 하지만 어마어마한 규모의 문제에 관해 생각한다면 우리는 금세 압도당할 수도 있다. 학교에서 물리 시간에 처음 배웠던 것처럼 큰 대상을 옮기려면 큰 힘이 필요하다는 사실을 우리는 알고 있다. 맞는 말이다. 그러나 오늘날 물리학이 내놓고 있는 새로운 이론들은 수없이 많은 작은 운동들로부터 큰 힘이 쉽게 만들어질 수 있음을 입증하고 있다.

카오스 이론에 따르면, 언뜻 하찮아 보이는 초기 상황들이 전 세계에, 심지어는 우주 전체에 영향을 미칠 수 있다. 나비 한 마리가 저 멀리 어느 나라에서 파닥거린 날갯짓이 다른 나라에 폭풍우를 몰고 올 수 있다는 것이 바로 그 이론이다. 이와 똑같은 생각이 우리 삶에도 적용된다. 불교철학자이자 환경운동가인 조애너 메이시Joanna Macy는 한 워크숍에서 '나비효과'를 사람의 상황에 극적으로 적용하기 위해 다음과 같은 실험을 했다.

이 실험은 그녀가 생태심리학자 몰리 영 브라운Molly Young Brown과 공동집필한 《생명으로의 귀환Coming Back To Life》에도 자세하게 기술되었는데, 넓은 장소에서 많은 사람들과 함께했을 때 최상의 효과를 볼 수 있다. 실험은 다음과 같다. 무리 중에서 무작위로 두 사람을 선택한다. 그리고 그 두 사람과 당신이 똑같은 거리를 계속 유지한 채 서 있도록 한다(당신이 중앙에 설 필요는 없다). 이제 세 사람이 원을 그리며 돌기 시작하고, 각각의 움직임이 또 다른 많은 사람들을 서로 의존하면서 움직이게 만든다.

참가자들은 자신들이 필요에 따라 넓게 시야를 확보하면서 민첩하게 움직이고 있음을 알게 된다. 그 과정은 목표 지향적이고 긴장감이 넘치며 웃음으로 가득하다. 잠시 속도를 냈다가 줄이고, 다시 속도를 냈다가 평형을 되찾기 위해 속도를 줄인다. 그러나 좀처럼 정지 상태에 도달하지는 않는다.

약 4~5분 동안 진행된 후 움직임이 점차 줄어들면 메이시는 사람들에게 멈춰 서서 그들이 경험한 것을 깊이 생각해보도록 유도한다. 참가자들은 종종 다른 사람들의 행동뿐만 아니라 자신의 행동도 자각하지 못하게 되어 자의식이 순간적으로 사라진 것처럼 느꼈다고 말했다. 그들은 그들 자신보다 더 큰 뭔가의 일부가 되었음을 인식한 것이다.

때때로 메이시는(자기 자신도 이 실험에 참여하면서) 일부러 그 체계의 균형이 깨지기 전까지 잠시 기다린다. 흥미롭게도 사람들은 누가 이런 연속적인 동작을 시작했는지 거의 알아차리지 못하고 나중이 되어서야 한바탕 갑작스런 소동이 있었음을 기억한다. 그리고 단 한 사람의 의도된 작은 변화가 어떻게 그렇게 큰 영향을 미쳤는지 깨닫게 된다.

이 실험이 말해주는 것은 분명하다. 누군가가 먼저 나서야 한다는 것. 그러지 않으면 의도적인 변화는 일어나지 않는다. 그러나 그 누군가가 왜 꼭 우리여야 할까? 필요한 일에서 한 발 물러서는 한 가지 이유는 '누구도' 그런 일에 신경 쓰고 싶지 않기 때문이다. 이것은 인간 존재에 관한 근본적인 문제로 귀결된다. 바로, 사회적 동물인 우리는 다른 사람들을 관찰함으로써 옳게 행동하는 법을 배운다는 것이다.

'하게 될' 일이 아니라 '해야 할' 일에 집중하는 것

모든 획기적인 변화는 누군가가 새로운 뭔가를 해야겠다고 결심했기 때문에 일어났다. 그 선구자의 행동이 바로 다른 사람들에게 행동할 수 있도록(단, 그 행동이 다른 사람들도 하고 싶어 했던 것이라는 조건에서) '허락해준' 것이다.

얼마 전 '인생학교'의 동료인 닉 사우스게이트Nick Southgate 박사가 인터넷에 올라온 한 비디오 영상에 대한 이야기를 꺼냈다. 그것은 누군가가 휴대폰으로 녹화한 것이었는데, 음악 축제가 벌어진 야외에 많은 사람들이 모여 있는 모습을 촬영한 것이었다. 그 영상은 대략 이런 내용이었다. 처음에는 넓게 개방된 야외에서 한 남자가 아무도 의식하지 않고 혼자서 계속 춤을 추고 있다. 몇몇 사람이 그 옆을 무심하게 지나쳐버린다. 그러다가 마침내 다른 남자가 동참한다. 이 두 번째 남자는 열정적으로 몸을 흔드는데, 간간히 군중들을 향해 싱긋 웃는 것이 분명 자신의 행동을 의식하는 것 같다. 첫 번째 남자가 그를 환영하지만 그것도 잠시뿐, 다시 춤에 몰입한다. 곧이어 두 번째 남자의 친구처럼 보이는 세 번째 남자가 다가온다. 그는 분명 즐기려는 의도가 다분해 보이는 춤을 추기 시작한다. 그러자 다시 세 명의 젊은이들이 더 합류하고 또 다른 세 사람이 그들 뒤로 달려들었다. 카메라 주변에 있는 사람들이 놀라운 함성을 질렀다. 여섯 명이 더 합류했고, 상황은 티핑 포인트tipping point에 이르렀다. 혼자 남겨지지 않으려고 필사적으로 애쓰는 것처럼 모두가 갑자기 춤추는 대열에 합류한 것이다.

그들을 사로잡은 것은 무엇이었을까? 그들은 어쩌면 춤추는 사람을 카메라에 담느라 너무 바빴던 것일지도 모른다. 때로는 관객이 되는 것이 훨씬 쉽기 때문이다. 인터넷에는 그 장면을 촬영한 다양한 동영상들이 올라와 있었다. 특히 그중 하나가 인상적이다. 처음 5분 동안 촬영하는 사람과 그 주변 사람들은 혼자 춤추는 남자를 향해 끔찍한 비난을 한다. 그러나 사람들이 늘어나자 말이 바뀐다. 남자의 목소리가 들린다. "와, 이거 정말 대단한데. 무슨 혁명 같아." 여자도 말한다. "한 남자가 세상을 바꿨어!" 그리고 동영상 재생 6분 30초 후, 여자가 말한다. "나도 저기 껴서 놀래."

사우스게이트 박사가 춤추는 남자에 관해 한 말은, 변화를 꿈꾸는 모든 사람들에게 교훈을 준다.

이것은 솔선수범이 의미하는 것이 무엇인지를 보여주는 재미있는 사례이다. 만약 이 남자가 먼저 춤을 추지 않았다면 그런 군무는 없었을 것이다. 그는 많은 축제에서 이렇게 해왔다. 그게 그 사람의 특기였다. 대부분의 경우 그가 춤을 춰도 아무도 따라서 춤을 추지 않았다(또는 몇몇만이 함께 춤을 추다가 흐지부지되곤 했다). 그는 어떤 일이 일어나기 전까지 혼자서 춤을 춰야 한다는 것을 안다. 때때로 실패하기도 할 것이다. 하지만 만약 그가 다시 일어나서 춤을 추게 된다면, 그리고 마침내 시간과 장소와 사람들이 딱 맞아 떨어지면 그의 춤은 계속될 것이고 그의 노력은 보상을 받을 것이다.

어쩌면 당신은 음악 축제에 참석한 사람들을 춤추게 하는 것이 그렇게까지 어려울 것이라고는 생각하지 못했을 것이다. 그러나 여기서 강조하려는 것은, 다른 사람들 걱정은 하지 말라는 것이다. 당신이 자신의 노력에 충분한 열정을 부여했다면 사람들은 당신에게 동참하지 않을 수 없다는 사실을 깨닫게 될 것이다. 이것은 간디의 그 유명한 말을 다시 한 번 상기시킨다. "당신이 이 세상에서 보고자 하는 그런 변화가 되는 것."

춤추는 남자가 보여준 것은, 우리가 우리 주변 사람들의 기질을 '변화시킬 수 있다'는 점이다. 크리스 존스톤은 약물 및 알코올중독자들과의 작업을 통해서, 냉소주의와 자기비하의 풍조를 극복하기 위해서는 다른 사람들이 '하게 될' 일을 생각하기보다 자기 자신이 '해야 할' 일에 집중하는 것이 효과적이라는 사실을 알았다. 그의 통찰력은 우리 모두에게, 우리가 속한 사회 환경에, 그리고 직장이나 가정이나 공공생활 어디에나 적용된다. 핵심은 각각의 상황에 우리가 참여하는 방식을 알아내는 것이다. 단순히 주변 사람들을 방해하는 것이 아니라 그들을 긍정적으로 격려함으로써 당신이 살아가는 문화를 변화시킬 수 있다. 존스톤은 이렇게 말한다. "상호작용의 스타일은 전염된다."

세상을 바꿀 수 있는 사람은, 바로 당신이다

좀 더 확실한 역사적 사례를 들어보는 것도 도움이 될 것이다. 1950년대 초까지만 해도 미국 남부에서 흑인은 2류 시민이었다. 흑인들은 수많은 차별을 받았다. 백인들과 같은 학교에 다닐 수 없었고, 백인들과 같은 공공 화장실을 사용할 수 없었으며, 백인 전용 식수대에서 물을 마실 수 없었고, 백인 전용 식당에 앉거나 음식을 먹을 수 없었다. 이런 모욕적인 행위들에 불만을 표출해봤자 곤란해지기만 할 뿐이라고, 많은 사람들은 생각했다.

그런데 1955년의 어느 날, 앨라배마 주 몽고메리의 버스 안에서 늘 그랬듯이 네 명의 흑인들이 방금 버스에 오른 백인 승객들에게 자리를 내주고 서 있을 것을 강요받았다. 세 명의 흑인은 자리를 내주었지만 재봉사였던 르자 파크스Rosa Parks는 일어나기를 거부했다. 그 한 순간에, 그녀는 간디가 말했던 노예정신을 벗어던졌고 그 후로 일어난 흑인 민권운동에 막대한 영감을 주었다. 그러나 여기서도 중요하게 이해해야 할 것이 있다. 처음으로 행동하고 영감을 주었다고 해서 그녀가 '지도자'까지 되지는 않았다는 사실이다. 솔선수범한다는 것이 반드시 뒤따라 발생하는 모든 일을 책임지는 지도자가 된다는 것을 의미하지는 않기 때문이다.

그녀가 체포되고 며칠 후, 여성정치위원회 Women's Political Council가 하루 동안 버스 승차거부 운동을 제안했다.

> 이런 행위는 중단되어야 한다. 흑인에게도 권리가 있다. 흑인이 버스를 타지 않는다면, 버스는 운행될 수 없다. 버스 이용객의 4분의 3이 흑인이다. 그런데도 흑인들은 자리 양보를 거부해서 체포되거나, 아니면 빈 자리를 두고도 서 있어야 한다. 이런 행위를 중단시키기 위해 우리가 나서지 않는다면, 저들의 행위는 계속될 것이다. 다음 차례는 당신이 될 수도 있고 당신의 딸일 수도 있으며 어머니일 수도 있다. 이 여성의 재판은 월요일에 열린다. 그러므로 우리는 모든 흑인들에게 월요일에는 이번 체포와 재판에 항의하는 뜻으로 버스를 이용하지 말 것을 촉구한다.

실제로 모든 사람들이 이 말에 동의하고 계속 항의할 것을 결심했다. 처음 목표는 단지 차별적인 제도를 조금만 수정해서 흑인들이 자리가 비었는데도 서 있어야만 하는 일이 없게 하자는 것이었다. 그러나 하루 동안의 버스 승차거부 운동이 성공하자 사람들의 자신감이 커졌고, 이는 결국 더 광범위한 개혁으로 이어졌다. 그 후 몇 달 동안 흑인들은 모두 단결해서 버스를 타지 않았다. 대신 택시를 타거나 걷거나 자가용을 함께 탔다(주로 교회 단체를 중심으로 대규모 카풀이 조직되었다).

흑인들의 저항에 보복이 가해지기 시작했다. 절감된 요금으로 택시를 이용해 여행하는 것이 금지되었다. 흑인 운전기사들이 말도 안 되는 경미한 교통위반죄로 체포되었다. 여기에는 유명한 민권운동가 마틴 루터 킹도 포함돼 있었다. 100여 명의 민권운동가들이 체포되었고, 죄목은 보이콧 금지법 위반이었다. 보험회사들은 카풀에 동참한 차량에 대해서 보험을 취소했다.

하지만 이런 고난을 거쳐 결국 승리의 순간을 맞이했다. 미국 대법원은 버스 승객에 대한 차별은 위헌이라는 판결을 내렸고 이 법은 내슈빌뿐만 아니라 미국 전역에 선포되었다. 시위자들은 법이 시행되고 차별이 정말로 끝날 때까지 버스 승차거부 운동을 지속하기로 했다.

로자 파크스는 백인 승객에게
자리를 내줄 것을 거부함으로써
버스 승차거부 운동과 더 광범위한
시민운동에 불을 지폈다.

"나는 움직이지 않을 것이다."

백인우월단체인 KKK단이 말을 타고 흑인 거주지역을 달리면서 위기를 고조시켰다. 그러나 이런 위협도 이전 같은 영향을 미치지는 못했다. 불을 끄고 문을 잠근 채 공포에 떨면서 집 안에 숨죽이고 있던 흑인 주민들의 모습은 사라지고, 오히려 집 앞으로 나와 앉아서 KKK단을 지켜보았다. 그중에는 그들을 향해 손까지 흔드는 흑인도 있었다.

판결 후 첫째 날 버스들은 법에 따라 평등하게 운행되었다. 문제는 없었다. 그런데 구타와 총격을 수반한 백인우월 극단주의자들의 테러가 시작되었다. 교회와 집이 폭파되었다. KKK단이 다시 거리를 활보하며 십자가를 불태웠다. 그러나 시위자들은 평정심을 잃지 않았다. 지역 신문사, 교회 목사, 지역 기업가 협회 등 백인 사회의 많은 사람들이 폭력을 일으킨 다른 백인들을 대신해 자리에서 물러났다. 돌연 테러가 멈췄다. 몽고메리를 포함한 미국 모든 지역에서도 버스 안에서의 차별이 끝났고 모든 사람들이 사태를 인정했다. 1년 전까지만 해도 도저히 상상조차 할 수 없는 일이었다.

광범위한 투쟁의 결과, 오랜 시간이 지나지 않아 흑인들은 다른 분야에서도 마찬가지로 모두 평등을 쟁취했다.

이것은 일종의 역사적 필연성을 보여주는 것처럼 보이지만 사실 흑인들의 시민권은 필연적인 것이 아니었다. 로자 파크스는 저항의 상징으로 알려지게 되었지만 그녀 혼자만의 힘으로 변화를 만들어낸 것은 아니었다. 그녀의 행동에서 영감을 받은 수많은 사람들이 그것을 개인적인 사명으로 여기고 더 이상 차별에 굴복하지 않았기 때문이다.

이런 개개인들이 예외적인 사람이었다거나, 정말로 두려움 없이 행동했다고 생각하는 것은 오산이다. 그들은 두려움을 느꼈지만 해냈다. 1959년, 내슈빌의 백인 전용 간이식당에서 다이앤 내쉬Diane Nash가 연좌농성을 벌였을 때, 그녀의 나이는 겨우 21살이었다. 다른 참가자들과 마찬가지로 그녀도 이전에 비폭력 워크숍에서 어떻게 처신해야 하는지에 대해 훈련을 받았다. 그러나 훈련과 실상은 엄청 달랐다. 그녀는 성나서 소리 지르는 군중에 둘러싸인 채 15분 동안 두려움에 떨어야 했다. '숭고한 사회운동가들과의 대화'라는 부제가 붙어 있는 캐서린 잉그램Catherine Ingram의 《간디의 발자취를 따라In the Footsteps of Gandhi》에서 내쉬는 이렇게 회고했다. "나는 잠깐 동안 결심할 시간이 필요했다. 지금 이 순간 제대로 처신할 자신이 없다면 의장직에서 물러나든지 아니면 두려움을 이기고 하던 일을 계속할 것인지 결정해야만 했다."

결국 내쉬는 마음을 진정시키고 시위를 계속했다. 이후 그녀는 역사가나 언론이 로자 파크스나 마틴 루터 킹과 같은 몇몇 저명한 지도자들에게만 초점을 맞추는 것에 불만을 토로했다.

마틴은 지도자가 아니었다. 그는 아주 말을 잘하는 유능한 대변인이었다. 그는 훌륭한 사람이다. 그래서 사람들은 그를 슈퍼맨이나 성자라고 여기면서 어떤 변화가 필요할 때면 이렇게 말하곤 한다. "오늘날 마틴 루터 킹 같은 리더가 있으면 좋으련만." 그러나 사람들은 전략을 구상하고 그 운동을 이끌어가는 이들이 자신들과 같은 평범한 사람들이라는 사실을 알아야 한다. 카리스마 있는 리더십이 우리를 자유롭게 하는 것은 아니다. 그리고 앞으로도 절대 그렇지 않을 것이다. 왜냐하면 자유란, 그 단어가 정의하는 바와 같이, 그들의 지도자란 바로 자기 자신이라는 사실을 깨닫는 것이기 때문이다.

---

* 이 동영상은 2009년 '새스쿼치 뮤직 페스티벌'에서 찍은 것으로, 유튜브youtube.com에서 'Sasquatch music festival 2009-Guy starts dance party'라는 제목으로 찾아볼 수 있다.
** 어떤 아이디어 또는 사회적 조류나 현상이 폭발적으로 번지는 순간.

How to Change the World
John-Paul Flintoff

THE SCHOOL OF LIFE

세상을 위해 당신이 할 수 있는 작은 일
What Needs Changing, and How

Part 3

아름다움과 기쁨을
조금씩 늘려나가기

Chap 7 Add Beauty and Fun

창조적인 방식으로
세상과 관계 맺기

긍정적인 변화는 종종 우리의 고통을 감소시켜준다. 그런데 우리 대부분은, 전쟁과 빈곤과 환경파괴를 심각한 문제로 인식하면서도 그것을 변화시켜야겠다는 의지나 사명감을 느끼지 않는다.

우리는 기아나 질병퇴치로부터 이 세상을 구하려는 시도에 대해서 다소 부담감과 우울함과 스트레스를 받고 있을지도 모른다. (사실 이런 상황들을 멀리하는 것도 힘든 일이지만) 이런 일은 다른 '누군가가' 할 일이지 우리가 할 일은 아닌 것처럼 인식하는 것이다. 실제로 그런 일에 관여한다는 생각만 해도 우울해지고 지루하게 느껴질지 모른다.

하지만 그런 느낌이 드는 것 또한 중요하게 생각해야 한다. 지루함을 느낀다는 것은, 우리 삶을 견디게 하고 즐겁게 해주는 의미 있는 활동을 우리가 아직 찾지 못했다는 분명한 증거이기도 하기 때문이다.

세상을 변화시키는 데에는 다음과 같은 두 가지 방법이 있다. 고통을 줄이거나 기쁨을 늘리거나.

본능적으로 우리는 후자를 더 좋아하게 되어 있다. 다른 많은 사람들처럼 우리도 삶의 미적인 부분에 더 끌릴 것이다. 이 말이 거창하게 들린다 해도, 미적인 부분에 끌린다는 것이 의도를 갖는 것은 아니다. 그것은 열심히 미술사 공부를 하는 것과도 상관이 없다(어떤 사람들은 이것도 기아 문제를 해결하는 것 못지않게 지루하다고 생각할 것이다). 심지어 순수미술이라 불리는 것과도 상관이 없다. 그림을 그리거나 조각을 하고 싶을 수도 있겠지만 분명 많은 사람들은 기타를 배우고 밴드를 만드는 것을 더 좋아할 것이다. 아니면 넓은 의미에서 전통 수공예에 끌릴지도 모른다. 즉, 자수나 장신구 세공뿐만 아니라 중고 의류 수선, DIY 제품 제작, 비밀 작업실에서 놀라운 물건을 발명하는 것 등 말이다. 창조적인 활동을 좀 더 넓게 바라본다면, 작은 카페를 연다든지 호텔을 경영하는 것을 꿈꿀 수도 있다.

이런 소망들은 얼핏 보면 완전히 이기적인 것처럼 보인다. 그러나 그렇다고 우리 자신을 비난할 필요는 없다. 왜냐하면 이 세상과 창조적인 방식으로 관계를 맺을 때, 우리는 이미 영향을 미치고 있는 것이기 때문이다. 우리가 하는 이런 일들이 사람들에게 희망과 위로를 줄 뿐만 아니라, 인생은 견뎌내는 것이 아니라 만끽하는 것이라고 생각하게 해줄 이유를 제공해줄 수도 있다. 미적인 행위는 (가장 넓은 의미에서) 의미 있는 공동체를 만드는 방법이며 소통의 도구이다. 그러므로 평화유지군이나 외교관들의 '진지한' 공적 임무와 무관하다고 볼 수 없는 것이다.

역사는 인간의 원초적인 욕구가 해결되자마자 미적인 충동이 시작된다는 사실을 보여준다. 인간은 이야기를 만들고, 자신들의 고통을 노래하고(또는 사람을 웃게 하거나), 조화롭고 섬세한 수공예작품을 만들고 싶어 한다. 이런 욕구는 인간 본성의 중심에 자리 잡고 있으며, 진지함에 대한 잘못된 관념으로 인해 절대 무시되어서도 안 된다. 선생님이 당신의 처음 노력에 대해 냉혹한 말을 했다고 해서 영원히 버려져서도 안 된다.

너무도 자주, 우리는 미술을 사치라고 생각하거나 '미술가'들의 전유물이라고 생각한다. 하지만 미술가와 우리를 구분하는 것은 틀렸다(반 고흐가 미술가였던가? 그가 살아 있을 때 사람들은 그의 그림을 사려고 하지 않았다). 자신의 가장 어려운 작품을 연주하는 모차르트에서 첫 번째 피아노 레슨을 받는 어린아이에 이르기까지, 모든 사람들은 각각 창조적인 활동을 하고 있다. 우리는 세계의 빈곤을 퇴치하는 것이 더 중요한 임무라고 생각할지도 모르겠지만 세상을 바꾸는 것은 우리 자신의 관심과 기술에 대해 생각하는 것이기도 하다. 만약 우리가 우리의 성격에 맞는 일을 하게 된다면 가장 높은 효율성을 보일 수 있을 것이다.

삶의 미적인 부분에 관여한다는 것은 유명해지려고 노력한다든가 그것을 직업으로 삼는다는 뜻이 아니다. 우리 대부분은 미술로 성공하려는 것이 아니다. 다만 우리에게는 아름다운 것을 창조할 수 있는 기회, 그리고 그런 욕구가 있을 뿐이다. 만약 그것을 즐겁게 생각하게 된다면, 우리는 그것을 남들과 나누고 싶어서 못 견디게 될 것이다.

레이첼 매튜스Rachael Matthews는 미술가이자 런던의 아주 오래된 '예술 노동자 길드Art Workers' Guild'의 '형제'이다(이 길드에 '자매'는 없다). 그녀는 뜨개질과 코바느질로 직물 작품을 만들 기회가 있었다. 이때 그녀는 작품을 통한 만족이 단순히 완성된 작품에서뿐만 아니라 그것을 만드는 과정에서도 비롯된다는 사실을 강렬하게 느꼈다. 그리고 그것을 다른 사람들과 나누면서도 만족감이 느껴지는 것을 알았다. 그래서 그녀와 그녀의 친구들은 이따금씩 런던 지하철에서 '뜨개질' 행사를 한다. 그들은 낯선 사람들에게 뜨개질이나 코바느질을 가르치고 원한다면 실과 바늘도 나눠준다.

아름다움과 창조와 놀이가 가득한 세상에서

창조의 기쁨을 널리 나누려는 시도 중 하나는 '당신을 더 사랑하는 법Learning To Love You More'인데 이것은 미란다 줄라이Miranda July와 하렐 플레처Harrell Fletcher라는 두 미술가가 고안한 프로젝트이다. 이 프로젝트를 위해서, 플레처와 줄라이는 매일매일 독창적인 아이디어를 제시하고 있다. 그런데 그들은 몇 년 동안 실습을 하면서 가장 즐겁고 깊이 있는 경험들이 다른 누군가의 지시를 따름으로써 발생한다는 사실을 깨달았다. 독창적이고자 하는 욕망을 버리고 다른 사람들의 생각을 따름으로써, 그들은 정말로 마음에 드는 독창적인 작품들을 창조할 수 있었다.

그러한 자유를 나누기 위해서, 즉 사람들로 하여금 창조적이어야 한다는 압박감을 떨쳐내도록 돕기 위해서 플레처와 줄라이는 일반 대중들에게 많은 유사 예술행위들과 심리적 과제를 부여하고, 그 결과물을 웹사이트(www.learningtoloveyoumore.com)로 보내도록 하는 멋진 아이디어를 생각해냈다.

거기에는 '뉴스 만들기', '응원 게시물 만들기', '연속 강연을 시작하기', '과거의 나에게 충고하기', '죽음을 앞둔 사람과 시간 보내기', '전화하고 싶었던 사람과 통화하기', '낯선 사람끼리 손잡은 모습을 사진에 담기' 등등 모두 70종류의 과제물들이 도착했다.

이 밖의 다른 과제들은 좀 더 자기성찰적이지만 한결같이 사람들에게 자신들의 공동체, 그리고 더 넓은 세상과 직접적으로 관계 맺도록 촉구하는 내용이다. 과제를 웹사이트에 제출한 수많은 사람들은, 과제를 수행하는 과정에서 두려움을 극복해야 했고(서로 처음 보는 낯선 사람들에게 손을 잡아달라고 부탁하려면 무엇이 필요할지 생각해보라!) 그들의 창의력을 이용해야만 했다. 이런 과제들을 수행한 후, 그들은 플레처와 줄라이만큼 전문가가 되었다. 작가들이 제시한 모든 과제를 다 마친 한 미국인 가족이 지역 전시회에 초대되었다. 그 가족의

과제 63 : 응원 게시물 만들기.
"당신 본연의 모습을 잃지 마세요."

수공예운동가 공동체의 사라 코벳의 작품.

연속 강연 주제는 바로 이것이었다. '예술은 당신이 찾는 곳에 있고, 모든 사람은 예술을 할 수 있다.'

내가 이 프로젝트를 언급한 까닭은 이것이야말로 최고의 미술 작업이 할 수 있는 전형적인 역할이기 때문이다. 이것은 일상과 습관에 의해 질식당할 수 있는 관계와 에너지의 원천으로, 우리를 다시 연결해주는 것이다.

좋은 세상은, 모든 사람들이 '중요성'이라는 외부적인 틀에 맞춰 전 지구적인 문제에 골몰하는 세상이 아니다. 좋은 세상은, 사람들이 자신의 특별한 일에서 의미를 발견하는 세상이다. 그것은 또한 아름다움과 창조와 놀이를 위한 자리가 있는 세상을 의미한다.

당신이 가진 것을 현명하게 나누는 법

Chap 8 How Does Money Fit In?

남부럽지 않은 삶과
의미 있는 삶의 딜레마

　우리를 망설이게 만드는 수많은 것들 중에서도 우리를 가장 혼란스럽게 하는 것은 아마 돈에 대한 생각일 것이다. 그 이유는, 돈 문제에 관한 한 우리는 좋은 일을 하는 것과 남부럽지 않은 삶을 사는 것 사이에서 선택의 기로에 서 있음을 느끼기 때문이다.

　대부분의 사람들에게 이 딜레마는 사회 경력을 시작한 후 어느 정도 시간이 지나야 나타나는 것 같다. 처음에는 화려함과 만족스런 금전적 보상이 따르는 일을 갖게 되어 흥분된 마음으로 경력을 시작했을 것이다. 그러나 점차 그 일이 만족스럽지 않다는 것을 느끼게 되면서 뭔가 더 의미 있어 보이는 일을 하는 사람들을 부러워하게 된다. 또 이와는 정반대로 의미 있는 훌륭한 일을 하면서 낮은 임금과 적은 혜택을 받는 것에 분노했을지도 모른다.

어떤 경우든지 돈이 우리를 걱정하게 만든다면, 하고 있는 일을 바꿔서라도 상황을 전환하기 위해 노력해야만 한다. 그러나 의미 있는 기여를 하는 것과 남부럽지 않게 살 만한 돈을 버는 것 사이에서 반드시 선택을 해야 할 필요가 있는가? 나는 그렇게 생각하지 않는다. 이 문제의 해결책이 여가시간이나 저녁이나 주말에 시간을 내서 이 세상을 변화시키는 것이라고 제안하고 싶지도 않다(물론 그렇게 할 수 있다 하더라도 말이다). 나는 우리가 직장에 다니면서도 좋은 일을 할 수 있다고 생각한다. 아니, 그래야만 한다. 왜냐하면 이 책의 첫 번째 장에서 보았듯이 우리는 항상 변화를 만들고 있으며, 거기에는 우리가 일할 때의 시간도 포함시킬 필요가 있기 때문이다.

만약 운이 좋다면 좋은 일을 하면서도 돈을 벌 수 있는, 그래서 어쩌면 아주 안락한 삶을 영위할 만한 돈을 벌 수 있는 방법을 찾을 수도 있다. 그런 경우에 해당되는 사람이 데일 빈스Dale Vince이다. 히피였던 그는 깨끗한 전기를 만들고 이산화탄소 배출량을 줄이는 것을 자신의 임무로 삼았다(영국 정부나 다른 누군가가 그 일을 해줄 때까지 기다릴 수가 없었기 때문이다). 그는 스스로 풍력발전용 터빈을 만들고 에코전기Ecotricity라는 회사를 설립해서 가정과 기업에 '그린green' 에너지를 판매했고, 그 과정에서 엄청난 부를 얻었다.

돈을 버는 것이 목표는 아니었지만 그는 항상 자신의 일이 사업으로서도 성공해야만 한다고 주장했다. 그렇지 않으면 환경을 생각하는 그의 계획이 실패하게 되는 것이기 때문이다(자신이 '진보적'이라고 생각하면서 본능적으로 '사업'을 불신하는 사람들은, 이 점에 대해 심사숙고해봤으면 좋겠다). 이와 비슷한 일을 통해 수익도 창출하고 동시에 일자리도 창출하는, 의미 있는 변화를 일으키는 장치를 발견한 사람들도 많다.

그러나 모든 사람들이 사업가 기질을 가진 것은 아니다. 빈스처럼 사업을 할 수 있는 사람들은 극소수에 불과하다. 그럼 나머지는 어떠한가? 만약 하나밖에 없는 지역 회사의 고용주가 덜 존경스럽다면 어떻게 해야 할까?

이런 의구심에 대한 생각을 바꾸는 한 가지 방법은, 어떻게 돈을 벌 것인가에 대해 정직하게 생각하는 것이다. 우리는 사람들의 진정한 욕구를 만족시키고 있는가? 아니면 거짓되고 쓸모없는 욕구를 만족시키고 있는가?

좋은 생계와 나쁜 생계의 모호한 경계

 아이들을 키워본 사람들은, 때때로 아이들과 아이들이 원하는 것 사이에서 중재가 필요하다는 것을 안다. 예를 들어 늦게 잠자리에 들거나 단것을 주는 문제 등이 그렇다. 유감스럽게도 도움이 안 되는 방식으로 행동하거나 소비하는 경향은 우리가 회피할 수 있는 것이 아니며, 막대한 부는 사람들에게 진짜로 필요하지 않은 것, 손해를 끼칠지도 모르는 것을 판매함으로써 축적된 것이다.

 그런 형편없는 것들에 대한 우리의 목록을 작성해보자. 나는 여기서 내 자신의 목록을 여러분에게 강요하고 싶지 않다. 하지만 무기나 인스턴트식품, 포르노 영화 등이 거기에 속한다는 것에 동의하는 사람들이 많을 것이다. 그럼에도 불구하고, 이런 것들을 만들고 판매하는 사람들은 대개 그 물건들이 여가시간의 욕구를 충족시켜주고 있다고 주장할 것이다(물론 그들은 이런 주제의 토론은 피하고 싶을 것이다). 그들은 무기가 평화를 유지하는 데 필요하고, 인스턴트식품이 건강한 식사를 준비할 시간이 없는 사람들에게 엄청난 편의를 제공하고 있으며, 포르노 영화가 외로운 사람들을 위로해준다고 주장할지도 모른다. 그들은 자신을 속이고 있는 것일까? 그럴지도 모른다. 그러나 그것이 지금 내가 말하고자 하는 관심사는 아니다. 내가 제안하고자 하는 것은, 생계를 꾸리는 데 '좋은' 방법과 '나쁜' 방법을 구별하는 절대적으로 명확한 방법은 없다는 것이다.

이 말에 당황하는 사람들도 있을 것이다. 그래서 이렇게 질문하는 사람도 있을 것이다. 투자은행에서 일하는 사람은 자신의 영혼을 악마에게 판 것이 아닌가? 개발도상국의 NGO에서 일하는 사람들은 성인군자가 아닌가? 당신은 방금 데일 빈스를 귀감이 될 만하다며 떠받들지 않았던가?

현실에서는 그게 그렇게 단순하지 않다. 오래 전에 빈스를 만나서 이야기를 나눈 적이 있었다. 나는 그가 '에코전기'를 설립한 것은 단순히 부자가 되려는 이기적인 생각에서가 아니라, 최고의 선의였음을 믿는다(그는 일부 동료들보다 적은 봉급을 받고 있으며 소박한 집에서 살고 있다). 그러나 많은 사람들은 빈스의 선의를 인정하면서도 풍력 에너지가 에너지 위기의 해결책이 되지 못할지도 모른다고 말한다. 당장은 그의 방식을 거부하지는 못하지만 반대의 목소리를 내고 있는 것이다. 이것이 바로 의도와 결과 사이의 복잡한 관계이다. 즉, 종종 '좋다' 또는 나쁘다'라는 딱지를 개인에게 붙이는 것, 심지어는 회사나 기업 전체에 그런 딱지를 붙이는 것은 더더욱 무의미하다는 것을 나는 깨닫게 되었다.

앞에서 잠깐 언급한 투자은행이나 NGO에 대해서 생각해보자. 나는 최근 어떤 네덜란드 은행의 영국지점장을 만났다. 이 은행은 (자신들의 투자에 관해) 보기 드물게 높은 윤리 기준을 가지고 있었으며, 때때로 안정성이 보장되지 않더라도 명분이 훌륭한 일에는 대출을 해주고 있었다(이런 대출은 본질적으로 신용과 개인적 관계에 기초한 것이다). 이 두 가지 항목만으로도 찰스 미들턴Charles Middleton의 트리오도스 은행Triodos Bank은 박수를 받을 자격이 있다.* 나는 또한 개발도상국에서의 NGO활동이 솔직히 무익하다고 말하는 사람들을 만난 적이 있다. 아주 간단한 예를 하나 들어보겠다. 존경받는 유명한 개발도상국 NGO들이 자신들의 행사에 참여하는 사람들에게 가끔 1달러씩을 주곤 한다는 것이다. 이 돈을 받은 사람들은 본부로 돌아가 행사에 많은 사람들이 왔고 대성공이었다는 보고를 한다. 그런데 문제는 그 과정에서 지역 경제가 왜곡된다는 것이다. 왜냐하면 일을 하는 것보다 행사에 참가하는 것이 더 돈벌이가 되기 때문이다. 그렇게 되자 사람들은 아주 중요한데도 돈이 지불되지 않는 행사에는 참석하지 않으려 한다.

어떤 일이나 기업에 대해 '반드시' 좋거나 나쁘다고 말할 수 없다는 것이, 이래도 그만 저래도 그만이라는 의미는 아니다. 그것은 개인적인 책임감을 요구한다. 투자은행에 근무하건 NGO에서 일하건 우리가 개인으로서 하는 일은 유익하거나 무익하거나 둘 중 하나이다. 내 생각을 말하자면, 나는 무기나 인스턴트 음식이나 포르노 영화와 관련된 일을 행복하게 할 수 있는 방법을 찾지 않을 것이다. 그 대신 다른 일을 찾으려고 노력할 것이다. 하지만 그런 분야에서도, 회사나 기업의 방향을 좋은 쪽으로 개선하려고 노력하는 사람은 분명 존재할 것이다.

우리의 입장이 어떻든지 간에, 우리는 쉽게 다른 사람들을 평가하려는 유혹에 빠진다. 조금 과장된 예를 하나 제시해보겠다. 일류 전문 암살자는 비능률적인 자선단체 직원을 비웃을지도 모른다. 아니면 그 반대이거나. 또 우리는 자기 자신을 정당화하려는 유혹에도 쉽게 빠진다("나는 다만 나쁜 사람들을 저격한 거야" "업무에 집중할 시간이 없었어"). 그러나 우리는 이런 유혹을 물리치고 자신이 실제로 하는 일을 신중하고 정직하게 바라보고, 불교에서 말하는 '정명正命'***을 실천했는지 판단해야만 한다.

  자신의 삶을 영위하는 방식은, 우리의 진정한 가치에 따라서 살거나 우리의 가치관을 왜곡시키는 것 둘 다 가능하다. 만약 우리의 삶이 불건전하다고 판단했다면 다른 방도를 찾아야만 한다. 그런데 '정명'에 관한 불교의 가르침은 우리의 일(직업)을 넘어서까지 적용된다. 왜냐하면 우리에게는 우리가 지키고 싶은 가치관이 있는데, 바로 그 가치관을 왜곡시키는 일을 하는 사람들에게 의존하면서 동시에 우리의 진정한 가치에 따라 살 수는 없기 때문이다. 예를 들어 한 교사가 아이들을 교육하면서 자신을 자랑스럽게 생각한다고 하자. 그런데 그녀가 아동노동을 착취한 회사의 상품을 구매했다면 그녀는 자신의 가치관을 위배한 것이다.

  다시 말해 정명, 즉 바른 생활은 단순히 개인적인 문제가 아니라 집단적인 형태의 책임감이다. 따라서 우리는 다른 사람들이 그들 스스로 삶을 영위하는 방식에 대해서 부분적으로 책임을 진다. 왜냐하면 일상에서 우리는 그들로부터 상품이나 서비스를 구매하거나, 반대로 우리의 세금으로 그들을 지원하고 있기 때문이다.

  만약 우리가 우리의 가치관을 위배하는 회사에 대해서 듣는다면, 그리고 그것에 관심이 있다면 단순히 그들을 비난하는 것만으로는 충분하지 않다. 우리는 그 상황을 개선하기 위해서 우리가 할 수 있는 일이 무엇인지 물어야만 한다. 승려이자 평화운동가인 틱낫한 Thich Nhat Hanh은 우리가 바른 생활이 더 많이 지켜지고 그릇된 생활이 더 적어지는 사회를 창조하는 것을 돕기로 결심해야 한다고 말한다.

그러나 현실 세상에서 완벽한 바른 생활을 할 수 있는 사람은 없다고 그는 말한다. 그 사실을 깨달았다면, 우리는 겸손한 마음으로 다른 사람이나 자신을 판단하는 것을 그만두고 우리 자신의 훌륭한 일을 충실히 해나가야 할 것이다.

40만 년의 삶을 구할 수 있는 기부

돈이 우리를 괴롭히는 또 다른 문제는 '기부'와 관련되어 있다. 이것은 변화를 만드는 입증된 방법이지만 종종 신중한 고려 없이 이루어지기도 한다.

특히 기부에 관해서 고려해야 할 중요한 세 가지가 있다. 첫째, 얼마나 기부할 것인가. 둘째, 우리의 기부가 효과적으로 사용되는가.

셋째, 사람들에게 우리의 기부에 대해 말할 것인가 아니면 비밀로 할 것인가.

오스트레일리아 출신의 토비 오드Toby Ord는 종신 철학교수라는 직업에서뿐 아니라 개인적인 삶에서도 이 문제에 대해 철저하게 연구했다. 그는 우리가 기부에 대해서 더 잘 이해할 수 있도록 기부의 방식을 정확히 계산하고 논리적으로 설명했다.

그는 대학생이었을 때 정치에 대한 이상적인 이야기를 종종 하곤 했다. "그러면 사람들은 '그게 당신 생각이라면 당신 돈을 몽땅 아프리카에 기부하지 그래요?'라고 말했죠." 그 순간엔 그런 말들이 그의 입을 다물게 했지만, 시간이 흐르면서 그는 그것에 대해서 생각해보았다. '만약 인류의 고통에 관심이 많고 사람들을 돕고 싶다면, 우리는 얼마나 그들을 도울 수 있을까?'

그는 우리 모두의 의식을 일깨우는 피터 싱어의 글로부터 직접적인 영감을 받았다. "당신은 부유한 나라들과 가난한 나라들 사이에서 오늘날 이루어지고 있는 자원 분배에 대해 반대하는가? 만약 반대한다면, 그리고 당신이 지금 부유한 나라에 살고 있다면 당신이 할 수 있는 일은 무엇인가? 당신의 잉여 수익 중 얼마만큼을 최빈국을 돕는 단체에 기부할 수 있는가?"

학자로서 오드는 거대한 부를 누리고 있지는 않지만 그렇다고 넉넉지 못한 상태도 아니다. 이것이 많은 사람들이 묘사하는 그들의 상황이다. 그러면 정확히 우리는 얼마나 잘사는 것일까? 오드 교수는 '할 수 있는 만큼 기부하기 Giving What We Can' 운동을 시작하고 웹사이트도 개설했다.(www.givingwhatwecan.com) 이 사이트에서는 그가 했던 방식과 똑같이 기부를 하도록 안내한다. 간단히 당신의 연봉(세제 후)과 가족 수를 타이핑한다. 그러면 사이트에서 당신이 합리적으로 얼마나 기부할 수 있는지 리포트를 보여준다.

오드의 경우, 그가 세계의 부자 상위 4%에 속한다는 계산이 나왔다. 그리고 얼마나 더 많은 돈을 개발도상국으로 보낼 수 있는지를 따져보니, 수입의 10%를 기부한다고 해도 그는 여전히 부자 상위 5% 안에 든다는 계산이 나왔다.

"대부분의 사람들은 자신이 얼마나 부자인지 알고 나서 무척 놀란다. 왜냐하면 우리는 일반적으로 우리의 부를 단지 친구나 동료하고만 비교하기 때문이다. 그럼에도 불구하고 우리는 전 세계 대다수의 사람들보다 부자이다. 우리가 이런 위치를 '노력으로 얻은' 것일까? 아니다. 우리가 노력으로 우리의 수입을 증대시킨 것은 분명 사실이지만, 부의 상당 부분은 우리가 '부를 누릴 만한' 적시적소에 태어났기 때문에 얻어진 것이다. 따라서 그것은 전적으로 우리의 공이라고 할 수 없다."

오드는 자신의 웹사이트에서 수익이 얼마나 불공평하게 배분되는지를 보여주는 그래프를 실었다. 그 그래프가 완벽하게 정확한 것은 아니다. 왜냐하면 세계의 갑부들을 다 포함시켰다면 컴퓨터 화면에 1km를 늘어놔도 모자랐을 것이기 때문이다.

그렇게 더 많이 알면 알수록 오드 교수는 더 많이 기부해야겠다고 결심했다. 그래서 그는 '할 수 있는 만큼 기부하기' 단체를 설립했고 많은 사람들이 여기에 동참했다. 그들도 오드처럼 평생 수익의 최소한 10%를 기부하기로 약속했다.

우리는 거기까지는 아직 준비가 되지 않았을 수도 있다. 그런데 만약 우리가 기부하겠다고 결심한다면 두 번째 문제에 부딪친다. 우리의 기부가 효과적으로 쓰일지 어떻게 확신할 수 있을까?

오드는 친구의 의학서적을 읽다가 그 답을 얻었다. 그 책에는 다양한 의료 개입medical intervention의 비용효율성이 비교되어 있었다. 그는 어떤 치료는 다른 치료에 비해 1만 배나 더 효과가 있으면서도 두 치료의 비용이 동일한 것을 보고 소스라치게 놀랐다. "시내 중심가에 나갔다가 어떤 가게에서 옆 가게와 똑같은 물건을 1만 배나 더 비싸게 팔고 있는 것을 알게 되면 기분이 어떨지 상상해보라!" 물론 이런 일은 실제로는 일어날 수 없을 것이다. 왜냐하면 시장이 그것을 방치하지 않을 것이기 때문이다. "하지만 자선활동에서는 그런 일이 가능하다. 두 사람이 각각 1,000파운드를 두 개의 자선단체에 기부했다고 하자. 한 단체에서는 그 돈으로 한 사람을 1년 동안 살릴 수 있다. 반면 다른 단체에서는 도합 1만 년이나 되는 여러 사람의 삶을 구제할 수 있다. 그런데 그들은 그것을 모르고 있었다!"

오드는 가장 비용효율이 높은cost-effective 단체를 지원함으로써, 더 가난한 사람들을 위해 40만 년이라는 양질의 삶을 개인적으로 보장할 수 있다는 것을 깨달았다. 40만 년이라니? "정말 엄청난 시간이다!"

의학서적에 따르면 가장 비용효율이 높은 개입은 빵 한 조각의 가격으로 한 사람에게 1년 동안 건강한 삶을 제공하는 것이라고 한다. 이것은 실명과 신장 손상과 기형의 원인이 되는, 우리가 그동안 소홀히 생각해왔던 열대병 문제를 해결함으로써 가능해진다.

얼핏 봐서는 이것이 근사한 일처럼 느껴지지 않을 수도 있다. 하지만 근사하게 보이는 것이 오드의 목표는 아니다. 비용 면에서 효과적인 선택을 함으로써, 오드는 자신이 '매일' 생명을 구할 수 있다는 것을 알았다. "당신은 놀라운 성과를 이루기 위해서 당신의 직장을 포기하고 NGO에서 일하기 위해 다른 나라로 가야 한다고 생각할지도 모른다. 하지만 그럴 필요는 없다. 당신이 원하는 일은 무엇이든지 하면서 자선을 할 수 있다."

오드가 나에게 이렇게 말해주었을 때 나는 감동을 받았다. 그리고 내 일을 포기하지 않아도 되었기에 기뻤다. 그러나 또한 혼란스럽기도 했다. 우리가 소홀히 여겼던 그런 질병들을 치료하는 데 내 돈이 쓰인다면 가장 합리적인 곳에 사용되는 것일 텐데 나는 그렇게 해야겠다는 생각을 별로 하지 못했던 것이다. 그런 것들은 내 일이 아니라고 생각했기 때문이었다. 만약 모두가 이런 열대 질병 문제를 해결하기 위해 노력하고 그런 질병이 더 이상 간과되지 않는다면 참으로 합리적이고 훌륭한 자선이지만, 다른 한편으로는 그 밖의 명분을 가진 많은 자선활동들이 제대로 평가받지 못할 수도 있다. 기차역 앞에서 동냥 깡통을 흔드는 사람들이 있을 때 그들에게 돈을 주는 것이 (우리가 다른 대안에 대해 철저하게 조사하지 않았다는 이유로) 과연 비난받을 일인가?

오드는 모든 사람이 자신과 똑같은 이유에서 기부를 해야만 한다고 말하지 않는다. 그러나 그는 우리가 기부하는 돈에 대해서 신중하게 생각해야 한다고 제안한다. 마치 우리가 누군가에게 생일 선물을 주기 전에 신중히 생각하는 것처럼 말이다. 좋은 결과를 결정하는 것은 우리가 쓰는 돈의 많고 적음이 아니다. 그것은 수혜자가 실제 필요로 하는 것이 무엇인지, 그것이 어떤 것일지, 그들에게 도움이 되는 것이 무엇일지를 기꺼이 생각하는 시간의 양이다. 좋은 자선은 좋은 생일 선물을 사는 것과 다르지 않다. 열대 질병을 치료하는 것 외에 다른 명분으로 기부하려는 사람들을 돕기 위해서 오드는 건강, 교육, 위생, 정치 변화에 관련된 비용효율성 높은 모델을 만들려고 계속 노력 중이다.

당신도 언젠가는 수혜자가 될 수 있다

효과적인 기부를 위한 충고를 하고 있는 또 다른 단체는 '사회공헌연구소Institute for Philanthropy'이다. 이 단체는 큰돈을 기부하려는 사람들에게 충고를 하기 위해 설립되었지만, 누구에게나 도움이 되는 통찰력을 제시해준다. 이 연구소의 강연이나 책자에 나타난 중요 의견은, 자선이 항상 기부에만 관련된 것이 아니라 우리의 시간과 전문지식이나 기술을 나눌 수도 있다는 것이다. 그러나 여전히 기부의 중요성을 부정할 수는 없다. 사실 이 연구소도 기부하려는 사람들의 의식을 고취시킴으로써 기부 습관을 장려하기 위해 설립된 것이었다. 우리가 보아왔듯이, 어떤 변화를 만들 때 우리를 가로막는 것 중 하나가 다른 사람들은 그렇게 하지 않는다는 느낌이며, 그래서 괜스레 한심한 사람처럼 보이고 싶지 않다는 생각이기 때문이다.

이것은 중요한 질문을 이끌어낸다. 만약 우리가 기부를 하면, 그것을 공공연하게 말해야 하는가 아니면 비밀로 해야 하는가?

대부분의 종교 교리는 기부를 자랑하지 말라고 충고한다. "네가 자선을 베풀 때에는, 위선자들이 사람들에게 칭찬을 받으려고 회당과 거리에서 하듯이, 스스로 나팔을 불지 마라. 내가 진실로 너희에게 말한다. 그들은 자기들이 받을 상을 이미 받았다."****고 예수는 말했다. 《코란Koran》에도 우리의 선물을 비밀로 하는 것이 받는 이의 신원을 지켜주는 것이라고 적혀 있다.

우리는 기부를 하고 우리의 자비를 기념한 반짝이는 명판을 받기 전에 이 점을 마음에 새겨야 한다. 그러나 공개적인 기부는 과시가 될 필요도 없지만 수령자를 모욕할 필요도 없다. 오드 역시 이 점을 인정한다. "공개적인 기부가 성가실 수 있다. 그러나 타협점은 있다. 과시하지 않으면서 하면 된다."

그리고 과시하지 않는 방법은, 우리 모두도 언젠가 자선을 받을 수 있다는 것을 기억하는 것이다. 지금 당장은 당신이 아닐 수 있고 당신이 열대 질병에 걸리지 않을 수도 있지만 우리 누구도 평생 살면서 다른 사람들의 도움(돈 주고 살 수 없는 도움)을 전혀 받지 않고 살 수는 없다. 만약 당신이 기부에 관해 쑥스러움을 느낀다면 이 점을 염두에 두는 것이 도움이 된다. 지금은 당신이 도움을 주지만 언젠가 당신이 도움을 받을 날이 올 수 있으니 자랑할 것도 남의 시선을 의식할 것도 없다.

만약 우리가 기부를 하는 만큼 그 명분에 대해서 충분히 관심을 갖는다면, 아마 다른 사람들도 우리를 따라 하고 싶어 할 것이다. 그런 일이 일어나게 하기 위해서 우리는 명분에 대해 직접 말할 수도 있고, 아니면 우리가 그 명분을 위해 지원하고 있다고 겸손하게 말할 수도 있다. 이런 방식은 사람들에게 우리의 전례를 따라야 할 것 같은 압박감을 주어 난감하게 만드는 것이 아니라, 그들에게 기부가 과시할 것도 이상할 것도 없다고 생각하도록 도와주는 것이다.

* 트리오도스 은행은 태양광발전과 같은 재생에너지나 친환경 유기농, 사회적 기업 등 가치 있고 윤리적인 곳에만 투자하며 지속가능한 사회적 금융의 가능성을 보여준 네덜란드의 대안 은행이다.
** 불교에서 수행의 요건인 여덟 가지 정도正道, 즉 팔성도八聖道의 하나로, 정법正法을 좇는 '바른 생활'을 말한다.
*** 《신약성서》 마태오복음 6장 2절.

이보다 더 매력적일 수는 없다

Chap 9 Making It Appealing

개인적 이익과 일치하는
의무를 찾아내기

'문제' 해결에 대해서 이야기하는 것은 사람들을 짜증나게 하거나 따분하게 할 수 있다. 우리 대부분은 당연히 문제를 우울하고 불쾌한 것과 연관시키기 때문이다. 정말로 만약 우리가 미래의 부정적인 면만을 부각시킨다면 사람들은 모두 미래의 문제에 대한 관심을 꺼버릴 것이다. 이를 변화시키기 위해서는 변화의 긍정적인 면을 보도록 우리의 청중들을 유혹하는 법을 배워야만 한다. 그중 가장 좋은 방법은 문제를 둘러싸고 우정의 네트워크를 조직하는 것이다.

환경운동이 혹시라도 죄를 짓고 있는 부분이 있다면, 그것은 바로 불행한 미래에 대해 끊임없이 이야기함으로써 우리들을 낙담하게 만드는 것이다. 사람들을 낙담하게 만드는 것, 주체감을 심어주지도 않고 위험에 관심을 갖도록 하는 것은 사람들을 우울하고 반항적이고 무관심하게 만들 뿐이다. 빅터 프랭클이 지적했듯이 그것은 사람들을 불쾌하게 만들 뿐이다. 더욱 나쁜 것은, 환경단체들이 해결책을 제시할 때 해서는 안 되는 일과 포기해야만 하는 즐거움의 목록들을 우리에게 제공함으로써 그것들이 과중한 의무가 되는 경향이 있다는 것이다. 이것은 역효과를 일으킬 수 있다.

'우리를' 움직이는 힘이 무엇인지를 깨달았다면 우리는 다른 사람들도 의무보다는 개인적인 이익을 더 추구한다는 사실을 인정해야만 한다. 그러므로 우리가 이루어야 할 위대한 과제는 의무를 개인적 이익과 일치하도록 단드는 것이다. 어떻게 우리는 옳은 일을 하는 것을 단순히 의무가 아닌 '매력적인' 일로 만들 수 있을까?

만약 다른 사람들이 우리가 진행하고 있는 프로젝트를 돕기를 바란다면, 그들에게 공동체의식과 화목함을 느낄 수 있는 기회를 제공해주는 변화 운동을 추진해야만 한다. 이 일을 하기 위해서, 우리는 단순한 기술적·재정적 혜택뿐만 아니라 사회적 혜택에는 무엇이 있는지 확인해봐야 한다.

사실 우리는 한 가닥 실로 연결된 존재들

환경운동가들이 지구를 구해야 할 필요성에 대해 강의할 때, 그들은 때때로 먼 곳에 있는 낯선 사람들을 구제하는 것의 중요성이나 우리 다음 세대를 강조하곤 한다. 하지만 안타깝게도 이처럼 너무 멀리 떨어져 있는 '다른 사람들'이란 존재는 그들을 돕기 위해 동기를 부여하려는 시도조차 가로막는다. 즉, 만나본 적도 없고 상상할 수도 없는 사람들의 생계를 구제하는 것에 대해 우리는 그다지 의욕적이지 않다는 말이다. 사실 인간은 뼛속 깊이 사회적인 동물이기 때문에 다른 사람을 도울 기회를 놓치려 하지 않을 것이다. 그러나 그런 일을 할 수 있는 능력은 우리가 가늠해봤을 때 얼마나 그들과 연관될 수 있느냐에 달려 있다. 다만 시간적·공간적 거리감을 극복하고 그것을 지속하기가 힘들다는 것이 문제이다.

환경운동가들의 사업은 삶의 질을 높여주고 즐거움도 주지만, 대개 사람들로 하여금 공동체를 형성해서 문제를 해결하도록 유도한다. 협력하려는 근본적 이유가 그동안 이 세상을 구해왔듯이, 이 사업의 추진 요인은 다름 아닌 사람들과 함께하고자 하는 욕구이다. 우리가 변화를 시도할 때, 사회의 이런 본능적 가치를 절대 과소평가해서는 안 된다. 만약 사람들에게 이웃들과 인사할 기회만 제공해줘도 우리의 프로젝트는 엄청난 성공을 이룰 것이다.

이것을 이해하기 위해서, 1977년 케냐의 환경운동가 왕가리 마타이Wangari Maathai가 설립한 '그린벨트운동The Green Belt Movement'을 생각해보자. 이 운동은 케냐 시골의 저소득층 여성들이 환경보존을 위해 비영리 단체를 만들면서 시작되었다. 이 운동에 참여한 여성 회원들은 케냐의 많은 지역이 덤불로 뒤덮이거나 사막화되는 것을 막기 위해 케냐 전역에 걸쳐 4,500만 그루의 나무를 심었다. 그러나 이 프로젝트에 참여한 여성들 개개인에게 중요한 것은 삼림재생이나 토양의 알칼리화 문제가 아니었다. 자신들에게 즉각적인 이익을 가져다주었을 뿐만 아니라 노력의 가장 큰 동기가 된 이 운동의 사회적 측면이었다. 그들은 나무를 심지 않았다면 절대로 만나지 못했을 다른 여성들과의 깊은 유대감에 대해서 말한다. 또한 남성 중심적인 케냐 사회에서 남자 친인척의 테두리를 벗어나 여성들이 함께하는 일은 그들에게 새로운 자신감과 위상을 심어주었다.

아마도 우리 시대의 가장 위대한 환경적·경제적 도전과제는 우리의 석유 보유량이 상당히 줄어들었을 뿐만 아니라 세계 석유 생산량이 이미 최정점을 지났다는 사실, 지질학자들의 표현을 빌자면 '피크 오일peak oil' 시대에 접어들었다는 사실이다.

이런 내용을 추상적인 관념을 가지고 읽어나갈 때 그 문제는 음울하고 섬뜩하게만 느껴진다. 그렇기 때문에 움츠러들고 겁먹는 것 외에는 아무것도 하지 않게 되는 것이다. 그러나 이런 재앙적인 전망 앞에서도 우리의 경제 방식을 다시 생각하고 그 과정에서 이웃들과 관계를 맺고 새로운 친구를 만드는 기회로 전환시킬 방법을 찾는 사람들이 있다.

100년 후의 세상을 준비하는 지역공동체

'트랜지션 타운Transition Town' 운동은 2005년 영국에서 시작되었다. 이는 자원봉사자들로 구성된 평범한 사람들의 단체인데, 입에서 입으로 마을에서 마을을 통해 영국 전역으로 소문이 퍼져 널리 알려지게 되었다. 관련된 사람들은(특별한 공식 회원은 없다), 이 세상이 상당히 적은 양의 석유로 지탱하게 될, 그래서 교통이나 석유에 의존하는 것은 무엇이든 엄두도 못 낼 만큼 비싸지게 될, 그런 날을 대비하는 데 전념한다. 트랜지션 타운 운동은 피크오일을 재앙으로 부각시키기보다는 그로 인해 초래될 새로운 가능성을 더욱 강조한다. 즉, 사람들이 더욱 환경과 지역 중심적으로 생각하게 됨에 따라 그들 거주 지역에서 식품을 직접 재배하고 에너지를 덜 소비하는 집을 짓고, 가능하면 지역 경제를 더 지지하게 되는 것이다.

에너지가 희박해질 세상에 대해서 어떻게 그렇게 긍정적일 수 있는지 언뜻 이해하기 힘들다. 그러나 트랜지션 타운 네트워크는 피크오일과 기후변화의 위협에서 긍정적인 면을 발견하자는 취지에서 설립되었다. 트랜지션 타운 운동의 설립자인 롭 홉킨스Rob Hopkins는 이렇게 말했다.

"현실적으로, 극소수의 사람들만이 석유가 부족해진 삶이 현재 우리의 삶보다 살기 좋을 것이라고 생각할 것이다. 그러나 그렇다고 해서 나는 그것이 암흑기라고 생각하지 않는다. 오히려 가장 놀라운 르네상스가 될 수 있다."

사실 홉킨스와 그의 동료들이 처음 피크오일에 대해 읽었을 때, 그들은 정신과 의사이자 호스피스 운동의 창시자인 엘리자베스 퀴블러 로스Elisabeth Kubler-Ross가 묘사한 전형적인 슬픔의 사이클(절망에서 분노로, 그리고 타협, 그리고 우울, 마침내 슬픔을 인정하기)을 경험했다. 그러고 나서야 그들은 긍정적이 될 수 있었다. 대부분의 사람들이 이런 슬픔의 사이클을 경험하지 못했거나 또는 경험하고 싶어 하지 않는다는 것을 깨달은 후, 트랜지션 타운 단체는 우리 사회가 재미있으면서도 더욱 지속가능한 실천을 해나가도록 자극할 방법을 모색하려고 노력하고 있다.

홉킨스와 그의 동료들은, 변화에 대한 우리의 임무가 무엇인지를 떠나 먼저 변화의 동기를 찾기 위해서 한 가지 새로운 시도를 했다. 그들은 자신들에게 미래로부터 온 유쾌한 엽서를 보냈다. 그들은 인류가 제대로 살았다고 가정했을 때, 100년 후 이 세상의 모습을 상상해보기로 했다. 그 결과 미래의 지역사회는 오늘날보다 훨씬 더 자급자족적으로 변해 있을 것이며 서로가 굳게 단결될 것이라는 결론을 내렸다.

그러고는 해마다 어떻게 그런 미래 사회에 도달할 수 있을지 방법을 구상했다. 변화를 위한 단계에는 다음과 같은 것들이 있다. 사람들에게 먹을 것을 재배하고, 옷이나 그 밖의 물건들을 만들거나 수선하고, 에너지 보존에 대한 충고를 해줄 워크숍을 열고, 재생전력 시설을 설치하는 모임 형성에 대해 가르친다. 이런 전략들이 실행되면서 이 운동의 지도자들은 놀라운 사실을 발견했다. 그것은 사람들이 공동의 목적을 가지고 함께 모이는 것을 좋아한다는 사실이었다. 그들은 도움이 되는 유익한 기술을 배우면서 더 큰 공동체의식을 형성해갔다.

당신이 먼저 좋은 이웃이 되어야 한다

2005년 처음 '피크오일'에 대해 알았을 때 나는 절망적으로 걱정했다. 나는 아내에게 우리가 늘 상상했던 미래는 환상이었다고 말했다(이런 생각은 인정하기 힘들었다). 나는 뭔가 행동을 하고 싶었지만, 홉킨스를 비롯한 트랜지션 타운 선구자들의 놀라운 긍정적 접근 방식에 대해 듣기 전까지는 어찌할 바를 몰랐다. 나는 우연히 친구들에게 트랜지션 타운 운동에 대해서 이야기하게 되었고, 그중 한 친구에게서 자기 동네에도(우리 동네에서 가까웠다) 이 단체를 설립할 수 있도록 도와달라는 제안을 받고 흥분을 감추지 못했다. (단지 관찰하는 것만으로도 우리가 관찰한 것의 일부가 될 수 있고 다른 사람들에게 그것을 이야기하도록 할 수 있다는 것은 얼마나 대단한가.) 곧 사람들이 우리와 동참했고, 우리와 관심사를 공유하는 것을 보니 큰 안심이 되었다.

가장 즐거웠던 순간은, 런던 북부 지역에서 많은 사람들과 모임을 가졌을 때였다. 우리 인식에 대한 저변을 확산시키기 위해서, 그리고 함께 일할 사람들을 찾으려는 희망을 가지고 우리의 일에 관심이 있을 만한 사람들 모두를 초청했다. 환경 로비 단체의 지방 회원들, 공정무역을 추진하는 사람들, 교회 단체들, 지역 물물교환 네트워크 회원들, 정당들…. 그 지역에 사는 사람들은 누구나 초대되었다. 우리는 우리가 하는 일을 설명했고 크리스 존스톤이 충고했듯이 솔직하게 도움을 요청했다.

그 후 몇 달 동안 우리 단체는 영화 시사회와 좌담회와 거리 축제까지 참으로 많은 일을 했다. 그러나 나는 이미 우리와 생각이 같은 사람들에게 설파를 하는 것 이상의 일을 하고 싶어서 안달이 나 있었다. 피크오일과 기후변화 문제가 점점 위협적이 되어가면서 나는 '모든 사람들이' 자신이 먹을 음식을 직접 재배하는 것을 보고 싶었다. 어떻게 하면 좋을까?

그 다음 단계에서 나는 알라스테어 매킨토시 Alastair Mchntosh가 쓴 《흙과 영혼 Soil and Soul》이란 책을 읽고 상당한 영향을 받았다. 그는 스코틀랜드에서 대단히 성공적인 지역공동체에 관여한 적이 있었다. 실천적 기독교도인 매킨토시는 책에서 '네 이웃을 사랑하라.'는 기독교 교리에 따라 행동하고 그것을 재해석해야 하는 필연성에 관해 쓰고 있었다. 세상을 변화시키기 위해서 운동가들이 확성기를 들고 수백만 익명의 사람들에게 소리치는 것은 아무 소용이 없다고 그는 주장했다. 그는 가장 가까운 사람에서부터 시작해야 한다고 말했다. 만약 그들 자신이 먼저 좋은 이웃이 되지 못한다면 누가 그들의 말을 들으려 하겠는가?

내가 큰 감동을 받은 것은 바로 이 주장이었다. 트랜지션 타운은 지역 간의 소통을 강조한다. 나는 나의 이웃들과 함께 일하고자 한다. 매킨토시는 바로 이것을 논리적인 결론으로 도출해냈다. 거리에서 만나게 되는, 이미 환경론적 성향이 짙은 사람들이 아니라 진짜 우리 옆집 이웃들과 함께 말이다.

몇 년 일찍 동네에 입주한 나는 이웃 주민 마틴과 발렌틴을 알게 되었다. 그저 인사나 건네고 몇 마디 수다를 떨 정도의 친분이었다. 우리는 서로의 집을 오갔지만 그리 자주, 오랜 시간은 아니었다. 서로의 보조열쇠를 맡아주는 정도의 이웃이었다. 당연하게도 나는 그들이 피크오일에 대해서 어떻게 생각하는지 조금도 알지 못했다.

그래서 어느 날 오후 나는 그 집 문을 두드렸다. 발렌틴이 문을 열었다. 뜬금없게도 나는 그녀에게 석유 부족에 시달리게 될 미래 세상에 관한 영화가 있는데 아무 때나 우리 집에 와서 같이 보지 않겠냐고 물었다.

이것은 분명 마틴과 발렌틴이 받았던 초대 중 가장 매력적이지 않은 초대였을지도 모른다. 그러나 그들은 돌아오는 화요일 오후에 들르겠다고 확실하게 약속을 해주었다. 발렌틴은 자기 친구가 이런 분야에 관심이 많다면서 괜찮다면 그 친구를 데려와도 괜찮겠냐고 묻기까지 했다.

드디어 그날이 왔다. 나는 과자와 차를 준비했고 우리는 '뼈아픈 진실 : 석유의 경제학'*이라는 영화를 관람했다. 영화는 무척 참담한 내용이었다. 우리가 이전에 희망했던 미래에 대한 모든 가능성을 깨뜨렸기 때문이다. 나는 그 점이 조금 걱정스러웠다. 왜냐하면 레이먼드 윌리엄스가 지적했듯이, 절망감을 앞세워 사람들을 설득하지 않는 것이 중요하기 때문이다.

변화를 말하지 않고
변화를 이끌어내는 법

영화 관람 후 우리는 간략한 담소를 나눴다. 무슨 이야기를 나눴는지 정확히 기억나지는 않는다. 하지만 몇 주 후 나는 마틴과 발렌틴의 집 지붕에 태양 전지판이 설치되는 광경을 볼 수 있었다.

나는 뭔가에 뒤통수를 맞은 듯 놀랐다. '이웃사랑 프로젝트'는 상상했던 것보다 훨씬 막강한 영향력을 보여준 것이다. 거기서 나는 우리의 '지원 네트워크'를 예상 밖의 지역까지 확대하는 것이 충분히 가능하다는 것을 깨달았다.

확실히 해둘 것이 있다. 이것은 우리의 이웃을 단지 '유용성'의 대상으로만 간주한다는 뜻이 아니다. 매 순간마다 우리는 타인을 우리와 같은 사람으로 볼 것인지, 아니면 우리 인생 드라마의 대상으로 볼 것인지를 결정한다. 그들은 우리와 같은 사람으로 인정되거나 그렇지 못하거나 둘 중 하나이다. 마틴과 발렌틴이 나와 아주 많이 비슷한 사람들이라고 말할 수 있어서 기쁘다. 솔직히 말해서 그때를 돌아보면, 그들이 재생 에너지 장비를 설치했다는 사실보다 그다지 좋아할 것 같지 않은 영화를 같이 보겠다고 해준 것이 나로서는 더욱 기뻤다. 그리고 그 후 마틴은 나를 점심식사에 초대했다. 프랑스의 노동운동가이자 사상가였던 시몬느 베이유Simone Weil는 뿌리 내린 존재라는 감정은 너무나도 쉽게 간과되는 인간의 욕구라고 썼다. 그리고 내가 깨달은 것은, 이웃을 아는 것은 뿌리 내린 존재임을 느낄 수 있는 가장 훌륭한 방법이다.

나는 나의 긍정적인 변화에 지역 사람들을 더 많이 끌어들일 수 있을지 궁금했다. 그래서 그해 9월, 우리 집 사과나무에서 사과를 딴 뒤 커다란 상자에 넣었다. 그리고 한 손에는 사과 상자를 들고 다른 한 손으로는 딸아이의 손을 잡고 거리로 나갔다. 나는 길을 걷다가 마주친 이웃들에게 사과를 많이 따서 그러는데 좀 나눠 먹지 않겠냐고 물었다. 아장아장 걷는 아이의 손을 잡고 공짜로 과일을 권한다면 그다지 위협적이지 않을 것이라는 계산을 했던 것이다. 대부분의 이웃들이 기분 좋게 사과 몇 개씩을 가져갔다.

몇 달 후, 나는 작은 텃밭에 토마토 씨앗을 뿌렸다. 토마토가 열리기 시작하자 나는 다시 상자를 집어 들고 딸아이의 손을 잡고 거리로 나갔다. 나는 이번에도 이웃들에게 토마토 수확이 많이 되었다고 말하면서 "좀 드릴까요?"라고 다시 말했다. 거절하는 사람은 아무도 없었다. 그리고 그해 몇몇 동네 사람들이 처음으로 자기 마당에 먹

너무 많은 채소가 자랐는가?
그것들을 당신의 이웃집 현관에 놓아두라.
그러면 이듬해 그것들은
스스로 자라 있을 것이다.

을 것을 직접 재배하게 되었다. 그들이 어쩌다 그렇게 되었는지는 모르겠지만, 내가 그들에게 자극을 주었기 때문이라고 생각하고 싶다. 물론 피크오일에 관한 이야기는 단 한 마디도 꺼내지 않고 말이다.

세상을 변화시키려는 당신의 아이디어가 굉장히 중요한 것 같다는 생각이 들지도 모른다. 아니, 굉장히 '중요하다.' 그러나 만약 당신이 (당신의 이웃을 포함해서) 주변 사람들의 이익과 연관된 방법을 찾을 수 없다면 그 아이디어는 성공하지 못할지도 모른다.

그리고 그런 아이디어는 성공할 자격도 없다.

---

*원제는 'A Crude Awakening: The Oil Crash'. 2006년에 제작된 스위스 다큐멘터리로, 석유를 향한 인간 문명의 집착이 지질학과 어떻게 충돌하게 되는지 전문가들과의 인터뷰를 통해 구성한 내용이다.

사랑하는 마음이 변화시킬 수 있는 것

Chap 10 Love Helps

사랑,
그 어떤 도움보다도 절실한

　사람들과 어울리고 더욱 강한 지역사회를 만드는 것에 익숙해지면서 우리는 결국 설득하기 힘든 사람들과 마주치게 된다. 그들은 우리의 일에 무감각하고 거부감을 가지고 있을 뿐만 아니라 개인적인 문제로 우리의 일에 관련되기 무척 힘든 상황이며, 그런 이유로 지역사회에서 소외된 사람들이다.

　본능적으로 우리는 그런 종류의 사람들을 피하고 싶어 한다. 왜냐하면 그런 사람들을 대하는 것은 지독하게 힘든 일이기 때문이다. 그러나 그런 사람들을 대하다 보면 아주 중요한 교훈을 얻게 된다. 그

교훈의 힘이 개인으로서 정부나 공공기관보다 사회문제를 더 잘 처리할 수 있도록 우리를 무장시킬 수 있다. 왜냐하면 정부기관들은 대개 사회문제를 돈으로 해결하려 들기 때문이다. 그리고 사실 그들로서는 그 밖의 다른 방식으로 행동하기도 어렵다.

하지만 모든 사람들이 다 물질적인 것을 필요로 하는 것은 아니다. 때로는 정말로 필요한 것이 더 개인적인 도움이며 때로는 사랑을 필요로 한다.

어떤 개인적인 사정이 있든지 간에 아이들보다 더 사랑을 필요로 하는 사람은 없을 것이다. 아이들을 돌보면서 우리는 돈이 줄 수 있는 도움의 한계에 마주치게 된다. 이 점에 대해서 잘 알고 있는 사람이 바로 카밀라 뱌트만겔리디Camila Batmanghelidjh이다. 그녀는 부유한 문제 가정에서 몇 년 동안 보모로 일한 적이 있고 심리치료와 관련된 다양한 자격을 갖추고 있다. 최근에는 자신이 설립한 자선단체 '키즈 컴퍼니Kids Company'를 통해 런던의 극빈층 아이들을 돕고 있다.

많은 아이들의 개인적인 이야기가 마음을 아프게 한다. 그러나 정말 충격적인 것은 도움을 받고 있는 아이들의 많은 '숫자'이다. 키즈 컴퍼니의 파일에는 아이들 수천 명의 기록이 올라가 있다. 그중에는 우리가 어쩌다 거리에서 마주치게 되면 피하게 되는 청소년들도 있다. 어린 나이임에도 불구하고 폭력 범죄에 가담한 적이 있는 아이들이다. 그러나 바트만겔리디는 그들과 함께하는 것이 정말 행복하다고 말한다. 그녀와 만난다는 것은 완전히 다른 사고방식과 접하는 것이다.

기록에 올라온 많은 아이들이 극심한 빈곤 가정 출신이다. 사실, 85%의 아이들이 키즈 컴퍼니의 도움을 받지 못했다면 저녁을 굶어야 할 형편이었다. 그러나 부유한 가정에도 문제가 있음을 알게 된 바트만겔리디는 아이들의 문제가 단지 '경제적인 문제에만' 한정되어 있는 것은 아니라는 사실을 깨달았다. 그녀는 나에게 이렇게 말했다. "부유한 가정에서조차도 아이들이 심각하게 방치되어 있는 것을 보았어요." 돈만으로는 아이들이 원하는 것을 줄 수 없었던 것이다.

키즈 컴퍼니가 하는 모든 일의 기본 전제는 사랑에 대한 믿음이다. 특히, 이 단체는 '애착 이론Attachment Theory'으로부터 깊은 영향을 받고 있다. 이 이론은 아동심리학자 존 보울비John Bowlby가 처음으로 체계화한 이론이다. 이 이론에 따르면, 아이들은 자신을 처음 돌보는 사람에게서 느끼는 애착 정도에 따라서 발달한다. 육체적·정신적으로 방치된 아이들은 사람들이 자신의 욕구에 대해서 반응도 없고 도움도 되지 않으며 꺼린다고 생각한다. 학대당한 아이들은 다른 사람들이 자신을 거부하고 적대적이고 도움을 주지 않으려 한다고 생각한다. 두 가지 형태의 아이들 모두, 사람들이 자기가 예상한 대로 자신을 대할 것이라는 믿음에 따라 행동한다. 보울비는 일단 아이가 관계의 유형을 정했다면 그것을 바꾸기가 어렵다고 설명한다.

다행히도 초기 사랑이 부족하다고 해서 모두가 방황을 하는 것은 아니다. 미네소타 대학의 연구 결과에 따르면 어릴 때 성적 학대를 받은 경험이 있는 여성의 61%가 자녀를 학대하는 것으로 나타났다. 또한 이 보고서는 사람들의 정서적인 도움과 장기간의 집중적 심리치료가 학대의 재발방지에 상당한 효과가 있음을 밝혀냈다. 그것이 바로 아이들이 키즈 컴퍼니로부터 얻는 것이다.

이 아이들 상당수는 공감하는 능력을 상실했다. 그 아이들에게 단순히 전통적인 도덕성을 교육하는 것은 효과가 없다. 문제아동들이 다른 사람들을 배려하게 하려면, 아이들이 겪었던 모든 것에 대해서 먼저 누군가가 사과해주어야 한다. 키즈 컴퍼니의 활동가들은 그렇게 했다. 아이들에게 사과를 하고 훈련받은 어른들과 강도 높은 애착관계를 형성하도록 도와줌으로써, 아이들의 공감 능력을 고쳐준 것이다.

이런 과정이 순조롭게 진행되리라고 생각하는 것은 오산이다. 처음에 아이들은 더 자주 공격적으로 변한다. 바트만겔리디는 이렇게 말한다. "아이들은 그런 애착관계를 발전시키고 싶어 하지 않아요. 그들은 그런 교육으로 인해 심성이 유약해지면 거리에서 살아남지 못할 거라고 말하죠." 하지만 결국 대부분의 아이들은 다시 돌아온다.

나는 키즈 컴퍼니가 운영되는 방식을 몇 달 동안 지켜보았다. 내가 만난 몇몇 아이들은 심각한 문제아였다. 그중 클레오라는 소녀는 길에서 낯선 사람들에게 싸움을 걸 정도로 통제 불가능하게 난폭했다. 그러나 키즈 컴퍼니의 사랑이 깃든 보살핌을 통해서 클레오는 문제 행동을 멈추는 법을 배웠다. 최근에는 한 활동가가 클레오를 데리고 레스토랑에 가서 웨이터를 대하는 것에서부터 나이프와 포크 등을 제대로 잡는 법까지 평생 못 배울 수도 있었던 예절교육을 실시했다. 한번은 바트만겔리디가 아이들로부터 외식 초대를 받은 적이 있었다. 어렸을 때 소년 병사로 총을 들고 싸웠던 청소년 이민자들이 그녀를 초대한 것이다. 키즈 컴퍼니 덕분에 대학까지 입학하게 된 아이들은 피자 한 판으로나마 그녀의 친절에 보답하고 싶었던 것이다.

누구나 사랑을 나눌
준비가 되어 있다

 우리가 이런 종류의 변화를 만들기 위해서 반드시 자선단체를 설립해야 하는 것은 아니다. 이미 자선을 실천하고 있는 바트만겔리디와 같은 사람들을 지원해주는 자원봉사를 할 수도 있고 아니면 우리가 직접 나서서 도움을 줄 수도 있다.
 그것이 바로 페넬라 루즈Fenella Rouse가 한 일이다. 루즈는 나에게 이렇게 말했다. "나와 내 미용사 둘이서 시작했죠. 우리는 꼭 해야 할 일과 그것을 위해 우리가 할 수 있는 일에 대해서 이야기를 나눴어요. 그러다 우리는 일자리를 구하지 못하는 젊은이들의 수가 엄청나게 많다는 사실에 무척 놀랐어요."
 행동을 하기로 결심한 루즈는 런던 북부에 있는 그녀의 집 근처 직업안내센터를 찾아가서 젊은이들이 일자리를 찾는 일을 돕고 싶다고 말했다(그녀는 은퇴할 나이가 되어서 시간적 여유가 좀 있었다). 그녀는 특히 자격증도 없고 물려받은 가업도 없는 젊은이들을 돕고 싶다고 말했다. 사실 정부가 보조하는 직업안내센터는 자격증이 없는 젊은이들까지 신경 써줄 여력이 없었다. 그러나 아이를 둔 엄마인 루즈는 형식적인 자격증이 전부가 아니라는 것을 잘 알고 있었다.

　직업안내센터 직원이 몇몇 아이들의 이름을 알려주었고 루즈는 그 젊은이들을 찾아갔다. 그녀는 젊은이들에게 그녀가 하고 싶은 일이 무엇인지 설명해주었다. 그리고 그녀의 친구들이 있는 회사나 아니면 아이들에게 도움을 주는 데 관심이 있는 사무실에 임시로 취업할 수 있도록 소개해줄 수 있다고 설명했다. 젊은이들은 그녀가 단지 친절을 베풀기 위해서 그런다는 것을 분명하게 알 수 있었고 흔쾌히 승낙했다.

　그러나 그 일은 루즈가 예상했던 것보다 훨씬 많은 시간을 필요로 했다. 그녀는 젊은이들의 가족을 만나기 위해서 도시를 가로질러 먼 거리를 돌아다녀야 했다. 또 출근 첫날에는 집까지 아이들을 데리러 가서 직장까지 직접 데려다줘야만 했다. 말로는 잘 찾아갈 수 있다고 하면서도 막상 런던의 대중교통을 이용해 직장까지 찾아갈 수 있는 아이들이 없었기 때문이다. 그녀는 또한 아이들에게 응원의 말도 해주고 사무실의 기본 행동요령도 알려주었다(몇몇 젊은이들에게는 업무시간에 사적인 용무를 처리하는 데 많은 시간을 써서는 안 된다는 말도 일러주어야 했다). 젊은이 한두 명은 겁을 먹고 직장을 뛰쳐나와 다시는 돌아가지 않았다. 루즈는 그 아이들이 전화를 받을 때까지 여러 차례 전화를 걸었다. 그녀는 아이들에게 훗날이 되면 다시는 자신을 실망시키지 않겠다는 마음이 되어 이 순간을 돌아보게 될 테니 후회할 행동은 하지 말라고 부드럽게 타일렀다. 그러자 실제로 그런 일이 일어났다. 그녀에게 부드러운 질책을 받았던 한 소녀가 새로운 일자리를 찾았고 마침내 사회인으로 성공한 것이다.

바트만겔리디와 마찬가지로 루즈의 동기 역시 도움을 간절히 필요로 하는 젊은이들을 돕고자 하는 사랑의 마음이었다. 그러나 바트만겔리디와 달리 그녀는 직원이나 사무실이나 운영비가 필요한 자선단체를 설립하지 않았다. 혼자서만, 개인의 자격으로 휴대폰을 들고 뛰어다니며 자선을 실천했다. 그녀는 취업을 못한 젊은이들에게 취업을 알선해줌으로써 혼자 힘으로 그들의 미래를 변화시켰다.

그녀에게 도움을 받았던 한 청년은 나중에 이렇게 말했다. "그녀는 사랑스러운 사람입니다. 누구나 그녀가 했던 일을 하려고 노력할 수는 있겠지만, 그녀처럼 사람들과 어울리는 것은 아무나 못할 거예요. 그런 사람은 또 없을 겁니다."

그러나 루즈는 자신을 특별하다고 생각하지 않는다. 그녀는 겸손하게 말한다. "누구나 내가 한 일을 할 수 있어요. 젊은이들을 사랑하고 약간의 시간적 여유만 있다면요."

돈이 부족하다는 이유가 사람들로 하여금 포기하게 만들 수 있다. "나는 정말 돕고 싶은데 경제적 형편이 안 돼서…." 그러나 루즈와 바트만겔리디는 진정으로 아낌없는 마음이란 수표를 끊거나 깡통에 동전을 던져주는 것 이상의 것임을 보여준다. 그들이 나눈 것은 우리도 마찬가지로 풍족하게 가지고 있는 것이다. 새로운 학교를 세우는 것은 우리의 힘을 벗어나는 일이다. 하지만 보살핌과 관심과 사랑을 주는 것은 언제든지 우리가 선택할 수 있는 것이다.

* 페넬라 루즈는 자선단체를 설립하지 않는 대신 영국 사회공헌연구소에서 선임 고문 역할을 수행하고 있다.

인류 전체를 위한
작은 행동의 시작

Chap 11 Aim for a Peace Prize

비인간적인 모든 것과
과감히 결별하기

    우리가 세상을 변화시키고자 할 때, 우리는 처음부터 우리를 방해하는 사람들이 있다는 것을 종종 깨닫게 된다. 그럴 때 대개 우리는 그들을 '적', 우리의 순수성과 대조되는 완전한 악마로 분류함으로써 대응한다. 그리고 우리가 할 수 있는 모든 방법(선거에서 그들을 이기는 것, 디너파티에서 그들보다 한 수 위라는 사실을 보여주는 것, 신문 기고를 통해 그들을 조롱하는 것, 싸움에서 그들을 가격하거나 죽이는 것 등)을 써서 그들을 이기려고 애쓴다. 우리는 적을 격파할 수 있는 능력으로 무장한 채, 우리가 추구하는 변화를 우리 방식대로 강압적으로 추진한다.

세계 역사에서 봐왔던 대부분의 변화 역시 폭력적인 정복을 통해 이루어졌음을 확인할 수 있다. 그러나 수많은 '위대한 역사'는(나는 바로 이 부분을 되돌아보고 싶다), 대립하는 양 진영이 서로를 정당한 인간 대리인human agent으로 인식함으로써 이루어졌다. 그 과정에서 양 진영은 자신의 주장에 집착하지 않고 서로의 주장이 본질적으로 사악하거나 묵살당할 이유가 없는 가치 있는 것이라고 인정했다.

언젠가, 주로 전쟁과 폭력에 반대하는 좌익성향의 신문에서 나는 영국 노동당을 지지하는 한 여성 기고가의 글을 읽은 적이 있다. 그 기고가가 누구인지 그리고 기사의 주제가 무엇인지는 중요하지 않았다. 그냥 우연히 그 기사를 읽게 된 나는 그 기사에 쓰인 호전적인 언어의 양에 경악했다. 기사 제목부터 노동당에게 보수적인 정부와 '싸우라'고 촉구하고 있었다. 기사에 넘쳐나는 호전적인 표현들을 보자. '날이면 날마다' '연속적인 폭격'을 위해 '막강한 화력'을 이용하고, '정부를 전복시키기 위해서' '스마트 폭탄을 날리고' '통렬한 수사적 공격'에 몰두하라.

이런 기사가 육체적인 상해를 입히는 것은 아니지만 노동당이 정말 폭탄을 떨어트렸다면 그 기고가는 간담이 서늘해졌을 것이 분명하다. 그러나 이런 식으로 글을 쓰는 것은 정부와 그 안에서 일하는 사람들을 비인간적으로 만드는 것이다. 우리는 일상의 대화에서도 이와 비슷한 말을 듣는다.

만약 우리가 그런 말에 공감한다면, 이와 같은 말들은 우리를 어떤 특정 그룹의 일원이 된 것처럼, 그리고 대단한 행동을 할 수 있는 것처럼 느끼게 한다. 그러나 그것은 동시에 우리로 하여금 변화시키기 위해 설득해야 할 사람들이 포함된 세상과 대립하게 만든다. 변화를 만들기 위한 한 가지 방법은, 작지만 충격적인 이런 비인간적인 일들에 대해 심각하게 생각하는 것에서부터 시작한다. 우리는 그 신문 기고가와 같은 사람들에게 편지를 쓸 수도 있고, 긍정적인 변화를 위해서 호전적인 비유를 좀 자제해달라고 요청할 수도 있다. 그리고 우리 스스로 그런 언어를 사용하지 않으려고 노력하는 것도 하나의 방법일 것이다.

평화를 갈망하는
인간 본성의 발견

비인간적인 충동을 멈춰야 할 필요성은 무력충돌의 위협이 닥쳤을 때 가장 긴박하게 나타난다. 전쟁 당사자들과 가장 긴밀히 일했던 사람들은 흥미로운 작은 진실 하나를 알려준다. 만약 그들을 같은 방에 집어넣고 같이 식사하게 하고 악수를 나누게 하고 서로 눈을 맞추거나 같이 산책을 시킨다면, 의회에서 토론을 하거나 유엔군 파견을 요청하는 것보다 갈등을 해소시킬 가능성이 더 높다는 사실이다. 그러한 일련의 행동들이 당사자들에게 평화를 정착시키려는 시도들의 실마리가 되어주는 근본적 인간성을 일깨워주기 때문이다.

이런 '재인간화re-humanization'의 유명한 예는, 1980년 로디지아가 짐바브웨로 재탄생하던 해에 확인할 수 있다. 로디지아에서는 흑인과 백인 간의 싸움이 오랫동안 계속되고 있었다. 이언 스미스Ian Smith가 이끄는 백인 소수정권이 1965년 영국으로부터 로디지아의 독립을 일방적으로 선언했다. 영국과 유엔의 제재조치가 뒤따른 가운데, 흑인들의 게릴라전으로 로디지아는 내분으로 치닫고 있었다. 살인, 고문, 강간, 약탈이 흔하게 목격되었고 흑인 6명 중 1명이 거주지에서 쫓겨

났다. 당사자들의 동의하에 런던 회의에서 선거를 치르기로 하고, 평화를 정착시키기 위한 20여 개의 정책이 이미 만들어진 상황이었지만 소용이 없었다. 선거의 결과가 어떻게 되든 평화가 올 거라고 기대하는 사람은 거의 없었다. 군 최고 지휘자는 백인 소수정권이 선거에서 패배할 경우 쿠데타를 일으킬 준비를 하고 있었다. 한편 당시 아프리카 민족주의자들은 명령이 떨어지기만 하면 '눈에 보이는 백인들을 모두 죽이려고' 벼르고 있었다고 훗날 고백했다.

다행스럽게도, 일어날 수도 있었던 재앙을 가장 간단하게 모면하게 되었다. 백인 총리 이언 스미스와 흑인 지도자 로버트 무가베Robert Mugabe가 같은 방에 모여서 술을 마셨다. 백인과 흑인 시민단체는 선거 후에 발생할 위기를 고려해 스미스에게 무가베의 본부로 찾아가 만날 것을 촉구했다. 무가베의 본부로 들어선 스미스는 중무장한 50여 명의 경비병들을 지나쳐 걸어갔다. 그중 한 명이 "당장 그를 제거하자!"고 외치며 스미스에게 총을 겨눴지만 이내 동료 경비병에 의해 제압당했다.

얼마 후 방 안에서는 아주 놀라운 일이 일어났다. 그것은 우리가 사회의 어려운 문제를 해결할 때 생각할 수 있는 모습이었다. 무가베는 자신의 적을 옆자리에 앉히고 몇 시간 동안 자신과 조국에 대한 사랑과 희망에 관한 이야기를 나눴다. 다시 말해 그들은 자신들 모두가 인간이라는 공통분모를 발견했던 것이다. 두 사람 모두 무가베가 선거에서 승리할 것임을 알고 있었다. 무가베는 자신이 추진하고자 하는 정책을 설명하고 백인들의 신임을 얻고 싶다는 열망을 강조했다. 그는 스미스에게 어떤 정책이 필요한지 물었고 그에게 각료 자리 두 개를 제안했다. 무가베가 선거에서 승리하자마자 스미스는 결과에 승복하겠다고 발표했다. 그리고 자신이 만나본 무가베는 '합리적인 사람'이었다고 응원해주었다. 스미스는 자신이 조국을 떠나지 않을 것이며 다른 백인 국민도 이에 따라줄 것을 요청했다. 그날 저녁 무가베는 대국민 연설을 했다.

"여러분이 백인이든 흑인이든 나는 여러분에게 요청합니다. 나와 함께 새로운 시대에 참여해주십시오. 그리고 음울했던 우리의 과거는 잊어주십시오. 용서하고 잊읍시다."

간단한 말처럼 들리지만, 무가베나 스미스 모두 체면을 잃지 않고 그렇게 만나게 될 줄은 몰랐을 것이다. 그들은 통합을 위해서 서로에게 속하지 않는 제3자의 시선이 필요했다. 하지만 그로부터 몇십 년이란 시간이 흘러 오늘날 이런 글을 읽게 된 당신은 어쩌면 좀 혼란

무가베나 스미스 모두 체면을 잃지 않고
만나게 될 줄은 몰랐을 것이다.

철천지원수. 그러나 개인적인 만남 덕분에, 이언 스미스와 로버트 무가베는 화해할 수 있었다.

스러울지도 모른다. 이것이 과연 평화주의자였던 로버트 무가베에 대한 이야기인가? 짐바브웨의 최근 역사를 보면 믿기 힘든 이야기다. 사실 오늘날 우리가 목격하고 있는 독재자 무가베는 괴물이 아닌가?

그럼에도 로디지아에서 일어났던 일은 우리에게 일말의 교훈을 준다. 변화란 가능성이 매우 희박해 보이는 상황에서도 가능하다는 것을 보여주었기 때문이다. 우리는 문제를 일으키는 사람을 선택한 것이 아니다. 그들은 다만 거기 있을 뿐이다. 우리는 어쩌면 매력적인 선동가들이 세계 도처에서 평화를 파괴하고 있다는 기사를 읽는 편이 훨씬 편할지도 모른다. 그러나 갈등을 해결한다는 것은, 이미 처신을 잘하고 있는 사람들과 가까워지는 것을 의미하지 않는다. 언젠가 우리는 괴물처럼 행동하는 사람들을 대해야만 할지도 모른다. 그래서 무가베 같은 사람도 평화를 위해 누군가를 설득할 수 있었다는 사실을 깨닫게 된 것이 더 놀랍고 인상적이다. 그런 깨달음은 우리의 싸움과 의견충돌을 좀 더 넓은 시각에서 볼 수 있게 해준다.

차이를 극복하게 만드는 공통의 관심사

 만약 우리가 외부 갈등에 대한 지속적인 해결책을 찾으려고 한다면, 먼저 다른 사람들에 대한 우리의 생각과 감정과 태도에 나쁜 영향을 주는 내부 갈등으로부터 돌파구를 찾아야 한다. 모든 당사자들이 자기 생각이 옳다고 주장하는 한 그 어떤 갈등도 결코 해결될 수 없다. 최소한 어느 한 쪽이라도 자기가 틀렸을 수도 있다고 생각했을 때 비로소 갈등을 해소할 수 있다. 우리의 옳고 그름을 가장 강하게 보여줄 수 있는 방법은, 우리의 이성적인 주장을 통해서가 아니라 다른 사람을 향한 우리의 태도를 통해서이다. 만약 우리가 상대방을 그들만의 진정한 이해관계와 약점을 가진 한 사람으로 존중하지 않는다면 갈등 해소를 위해 아무런 성과도 올리지 못할 것이다.
 이와 동시에 우리는 우리가 원하는 모든 것을 얻을 수 없는 반면, 우리가 우려하던 것 이상을 얻을 수도 있다는 것을 깨달아야만 한다. 피터 에머슨Peter Emerson은 현실주의를 고취시킴으로써 평화를 정착시키는 데 평생을 헌신했다. 그는 종파 간의 무장 폭력으로 오랫동안 분열되어 있는 조국 북아일랜드와 보스니아 같은 분쟁지역에서 자신의 아이디어를 시험했다. 에머슨은 분열을 고착화하기보다는 합의와 공동이익을 위해 노력하는 의사결정 과정을 추천했다.

이 시스템의 기원은 혁명 이전의 프랑스에서 장샤를 드 보르다Jean-Charles de Borda라는 과학자가 고안한 것이었다. 이것은 복잡한 수학에 기초하고 있기 때문에, 컴퓨터가 출현하기 전까지는 실행하기가 어려웠다. 그러나 보르다의 '선호도 투표preferendum'는 유로비전 송 콘테스트**를 시청한 사람이라면 누구나 친숙할 것이다. 투표자들은 단순히 1등에서 꼴찌까지 다양한 범위 안에서 참가자들에 대한 선호도를 나타낸다. 우승자는 어떤 투표자의 투표에서도 1위를 기록하지 못했을 수도 있지만 다른 참가들보다 전체적으로 높은 점수를 인정을 받은 것이다. 반면 탈락자는, 어떤 투표자들에게 1위를 받았을 수도 있지만 전체적으로 가장 낮은 점수를 받은 것이다. 여러 번의 선택이 가능한 선호도 투표는 개인 선거나 정당 간의 선거에서 사용될 수 있다. 또한 공식 정치에서도 사용될 수 있을 뿐만 아니라 친구들끼리 또는 클럽이나 사무실에서도 사용될 수 있다.

상황이 어떻든 간에, 사람들은 다만 우선순위가 다를 뿐 대체로 비슷한 기본적 관심을 가지고 있다고 에머슨은 설명한다. 선호도 투표는 사람들에게 이 점을 인식하게 해준다. 그들은 서로의 첫 번째 선택에는 동의하지 않을 수 있지만 두 번째 세 번째 선택에 선뜻 동의하게 될 것이다.

에머슨의 경험에서 특히 흥미로운 점은, 다른 기술을 적용해 공통점을 발견하는 과정에서 이전에 적으로 생각했던 사람들을 바라보는 시각이 변할 수 있다는 것이다. 적으로 생각했던 사람들을 동료로 인식하기 시작한다. 선호도 투표에서는 누구도 반대투표를 하지 않기 때문이다. 대신 당신의 선호도에 따라 모든 선택지에 투표한다. 투표자가 아무리 강하게 반대할지라도, 최소한 1점은 주어야 한다. "모든 사람들을 이웃으로 수용하는 태도는 상호이해와 수용에 엄청난 기여를 할 것이다. 사람들은 누구나 자기 자신과 화해의 과정을 시작한다." 만약 누군가 특별한 정책을 채택하고 싶다면 그는 온건한 지지자들을 좀 더 열성적인 지지자가 되도록 설득해야 한다(6, 7점을 주는 대신 9, 10점을 주도록 설득해야 한다). 뿐만 아니라 반대자들이 좀 더 자신의 생각을 누그러뜨리도록 설득해야 한다(1, 2점을 주는 대신 6, 7점을 주도록 설득해야 한다).

이미 우리 쪽으로 넘어온 사람들에게 연설을 하기보다는, 이전에 정치적 반대자들이었던 사람들을 끌어옴으로써 더 많은 이익을 볼 수 있다. 따라서 합의 시스템은 세련된 토론 과정에서뿐만 아니라 뒤이은 결의안 채택에서도 그 자체로 의견일치를 촉진시킬 것이다.

결국 공통의 관심사를 발견함에 따라 사람들은 이전에 그렇게 크게 보였던 차이를 극복할 수 있음을 알게 된다. 북아일랜드에서도 그런 결과를 확인할 수 있었다. 철천지원수였던 개신교 대표 이언 페이즐리Ian Paisley와 신페인당 지도부 마틴 맥기네스Martin McGuinness가 성공적으로 손을 잡은 사건이 그것이다.***

<u>인류애를 향한 사랑과 연민의 선언</u>

여기서 말하고자 하는 것은 본질적으로 동정심의 발현이다. 개인들은 이제 다른 사람의 관점에서 보기 시작한다. 수녀였다가 작가가 된 카렌 암스트롱Karen Armstrong은 동정심이야말로 세상을 변화시키는 열쇠라고 믿었다. 2008년 암스트롱은 오랜 세월 동안 이 분야에서 노력한 공로를 인정받아 TED상TED Prize을 수상했다. 시상식에서 그녀는 전 세계의 다양한 종교 사상가들이 작성하게 될 '자애헌장Charter for

Compassion'을 만들고 출간하고 홍보하도록 도와줄 것을 TED에 요청했다. 그리고 그 헌장은 그 이듬해 발표되었다.

동정심은 단순히 '누군가를 불쌍하게 여기는 것'이 아니다(암스트롱은 종종 이런 실수를 목격했다). 동정심은 다른 사람과 함께 견뎌내고, 그의 입장이 되고, 그의 고통이 나의 고통인양 느끼고 그의 주장을 관대하게 이해해주는 것이다. 모든 종교에서는 동정심을 영성의 진정한 시험으로 보고 있으며 각 종교마다 황금률을 가지고 있다. 여기서 황금률은, 내가 다른 사람에게서 대접받고 싶은 대로 다른 사람을 대하고 내게 달갑지 않았던 방식으로 다른 사람을 대하지 말 것을 요구한다. 그리고 우리는 이것을 우리의 적들을 포함해 모든 사람에게 적용해야만 한다.

암스트롱은 이렇게 말한다. "회의론자들은 황금률은 별 '영향력이 없다'고 말하는데, 그들은 실제 시도조차 해보지 않은 것 같다. 그것은 당신이 동의할지 말지를 결정해야 하는 교리가 아니다. 그것은 방식이고, 그것을 시험하는 유일한 방법은 직접 실천하는 것이다." 황금률을 실천한 사람들은 완전한 수준의 존재감을 경험했다고 말한다. 그리고 누구나 시도하면 그들과 같은 경험을 할 수 있다고 주장한다.

더 높은 수준의 동정심을 발현시키기 위해서는 프로 운동선수들이 훈련을 하듯이 그것을 실천하고 노력해야 한다. 우리가 시도할 수 있는 훈련법은 많다. 그중 하나는, 고통받고 있는 사람이 나의 친구이거나 친인척이라고 상상해보는 것이다. 만약 노숙자가 당신의 아버지나 형제 또는 자식이라고 상상한다면 그를 무시하기 힘들 것이다.

당신의 적의 건강과 행복을 기원하는 것은 더욱 힘든 일이다. 암스트롱은 적의 고통에 대해 책임감을 갖는 것은 동정심을 시험하는 최고 단계라고 설명한다. 처음에는 불가능해 보일지도 모른다(어떻게 로버트 무가베 같은 인간에게 동정심을 느낄 수 있단 말인가?). 그럼에도 불구하고 일단 그것을 해낸다면, 그다음부터는 너무도 쉬워져서 우리가 과거의 관행으로 돌아가게 되는 일은 없을 것이다. 동정심을 실천하는 것은 평생의 과제이다. 거의 매일 실패하지만 포기해서는 안 된다.

하지만 자신의 생각을 배제함으로써 발생하는 이타주의의 가장 큰 위험은, 실제 대인관계에서 책임을 회피하고 다른 사람들과 분리된 평화로운 삶을 정당화하는 교묘한 수단이 된다. 유명한 불교철학자 잭 콘필드 Jack Kornfield는 "우리는 오직 한 사람만을 사랑하는 것을 피하기 위해서 '인류애 humanity'와 같은 추상적인 실체에 대한 사랑과 연민을 우리 자신에게 선언한다."고 말한다. 이를 다른 말로 하면, 우리는 모든 사람에게 사랑을 느낀다고 말하고 싶을지도 모른다. 그러나 그것은 우리가 대하기 껄끄럽고 불쾌한 사람들과의 관계를 배제한 것이다.

모든 변화는 우리의 일상에서 출발한다

이것은 몇 년 전 고통스럽게 이별했던 친구와 나에 대한 이야기를 떠오르게 한다. 나는 우리의 말싸움이 어쩌다가 시작되었고 그 결과가 어땠는지 설명하고 싶다. 그리고 그것을 무력분쟁의 정황에 빗대어 설명하려 한다. 매일의 사소한 분노가 그때그때 해결이 안 되면 차가운 증오로 발전하고, 결국 폭력이 되는 것이 무력분쟁의 양상과 비슷하기 때문이다. 만약 이런 분노를 해소하기 위해 아무것도 하지 않는다면, 분노의 감정들은 폭탄공격으로 이어질지도 모른다. 그렇게 대규모 폭력은 항상 사소한 개인적 분노에서 비롯된다.

나와 폴은 어릴 적부터 알고 지낸 친구 사이였다. 우리가 기억하는 한 아주 어릴 때부터 우리는 형제처럼 가깝게 지냈다. 그러나 그는 자라면서 심각한 술꾼이 되었고 술을 마시면 아주 불쾌하게 행동하곤 했다. 우리는 서로 화를 돋우는 말을 쏟아붓곤 했는데, 폴은 그때마다 말도 안 되는 소리를 했다. 그러면 나는 그의 말을 무시하거나 웃어넘기지 못하고 받아쳐버렸다. 당시에는 내 방식이 옳다고 생각했다. 평생을 술로 허비한 그는 바로 서야만 했다. 말하자면 우리는 서로를 화나게 하고 있었던 것이다. 서로 혐오하는 행동들을 자극했다(그렇기 때문에 갈등해결 전문가들은 적을 갈등하는 존재가 아니라 공모하고 결탁하는 존재라고 말하는 것이다).

크리스마스가 지난 지 얼마 되지 않은 어느 날 저녁, 내가 무엇 때문에 그렇게까지 이성을 잃었는지 정확히 기억조차 나지는 않지만, 어쨌거나 폴이 자신이 준비한 선물에 내가 충분히 고마워하지 않았다는 이유로 비난을 퍼부으면서 시작된 것은 확실하다. 그는 몹시 취해 마구 소리를 질러댔고, 부끄럽지만, 바로 그때 나는 나도 모르게 그의 복부를 가격하고 말았다.

우리는 그 후 3년 동안 거의 말을 하지 않았다. 남들이 보기엔 그가 없다면 내가 더 잘살 것이라고 생각할 것이다. 그러나 우리는 항상 가깝게 지내왔기 때문에 그런 소원함이 나의 일상에 어두운 그림자를 드리웠다. 그것은 우리를 아는 사람들에게도 고통이었다. 무가베와 스미스를 만나게 해주었듯이, 누군가 우리를 다시 이어줬으면 좋겠다고 말할 수 있었다면 차라리 깔끔했을 것이다. 그러나 두 상황은 달랐다.

무가베와 스미스에게 제3자의 도움이 필요했던 이유는, 각각 거대한 무리의 수장으로서 상대에게 손을 내밀었다가 거절당하는, 체면을 구기는 모험은 할 수 없었기 때문이다. 하지만 개인들 간의 분쟁은 다르다. 누군가를 대표하는 것이 아니기 때문에 직접 나서서 해결하는 것이 훨씬 쉽다.

만약 내가 먼저 폴에게 손을 내밀어 우아하게 우리의 관계를 회복시켰다고 말해주기를 기다리고 있다면, 미안하게도 나는 당신을 실망시킨 것이다. 나에게 먼저 손을 내민 사람은 폴이었기 때문이다.

그의 그런 행동 덕분에 나는 그에게 동정심을 느끼게 되었다. 사실 그런 상황에서 동정심을 보이지 '않는' 것도 무척 힘들었을 것이다.

어느 토요일 오후, 그는 축구 경기장에서 전화를 했다. 전날 공원에서 밤새도록 술을 마셨다고 말했다. 그러고는 이젠 지긋지긋하다고 말했다. 최근 아내와 이혼하고 생일도 혼자 보냈다고 말했다. 축구 관객들의 함성 위로 그의 고성이 들렸다. 그는 자살하려 했다고 말했다.

  그가 전화하기 전만 해도 나는 그에게 화가 나 있었고 적개심을 품고 있었다. 나는 특히 그의 음주에 몹시 화가 났다. 그때 그가 전화했을 때도 그는 분명 몹시 취한 상태였다. 그러나 도움을 청하는 그의 전화는 진심이었고 나에게 깊은 감동을 주었다. 단숨에 나는 다시 그의 옛 친구가 되었다. 그 이후 나는 회복적 사법Restorative Justice' 분야에서 일하는 사람들을 만났고 내가 경험한 것 같은 일들이 자주 일어난다는 말을 들었다. 피해자를 만난 가해자들은 눈물을 흘렸다. 피해자들은 가해자들을 도와 정상인으로 살 수 있도록 돕고 싶어 하는 마음이 생긴 자신을 보며 놀란다고 했다. 폴과 내가 범죄자와 피해자의 관계라는 말은 아니다. 분명 그를 때린 사람은 나였는데, 도움을 청한 그의 전화는 그를 향한 나의 감정을 단숨에 바꿔놓았다.

  나는 그에게 경솔한 행동을 하지 말라고 당부하며 전화를 끊은 뒤 AA 전화번호를 알아냈다. 전화를 받은 여직원은 폴이 AA에 직접 전화를 해야 한다고 일러주었다. 나는 곧바로 차를 몰아 그를 만나러 갔다. 지저분한 그의 집은 한마디로 충격이었다. 복잡한 대로가 내려다보이는 가난한 동네의 원룸. 그리고 그가 뿜어내는 강한 알코올 냄새. 그러나 나는 이런 감정을 숨기려고 노력했다. 그리고 그 후 한두 시간 동안 나는 그를 무척 아끼고 있음을 확신시켜주었고 그가 자살하려 했던 생각을 용납할 수 없으며 다른 많은 친구들도 나와 같은 심정일 거라고 말해주었다. 그런데 사실 그 말의 절반은 거짓말이었다. 그가 음주에 시달리는 동안 '많은 친구'들이 몇 명으로 줄었기 때문이다.

나는 그에게 AA에 전화하라고 충고했고, 그 단체에 대해 알고 있는 것을 요약해 설명해주었다. 집을 나서면서 AA의 전화번호가 적힌 포스트잇을 폴의 손에 쥐어주었다.

그가 전화를 할지 의심스러웠다. 그 후 일주일이 지나도록 폴은 전화를 하지 않았다. 사람들이 항상 우리가 바라는 대로 움직이는 것은 아니다. 그러나 결국 그는 전화를 했다. 어느 날 저녁 그는 AA 모임에 참석했고 그 후 한 번 더 참석하더니 갑자기 매일 모임에 참석했다. 그러더니 AA에 관한 이야기와 이 단체의 그 유명한 12단계 프로그램 이야기를 장황하게 늘어놓았다. 같은 경험을 한 낯선 사람들의 도움으로 그는 한 주 동안 술을 마시지 않았고, 그것이 한 달이 되고 이제 9년이 되었다. 폴은 그 사이 여자를 만나서 주택으로 이사를 했고 딸도 하나 두고 있다.

우리는 다시 친한 친구가 되었고 그 후 그는 내가 도움이 필요할 때 나를 도와줌으로써 내가 베푼 친절에 보답하고 있다.

나는 아주 중요한 점을 지적하기 위해서 나의 개인적인 이야기를 꺼냈다. 그것은 갈등 해소가 단지 두 국가 사이에 평화를 구축하는 것만은 아니라는 점이다. 그것은 친구들과 친척들 사이에서 우리 자신의 상황을 바라보고 그중 우리가 관계를 바로잡아야 할 사람은 없는지 물어보는 것이다. 왜냐하면 이 책을 시작하면서도 지적했듯이 율리우스 카이사르, 칭기즈 칸, 크리스토퍼 콜럼버스와 같은 사람들의 업적과 같이 우리가 역사적으로 의미 있게 생각하는 일들은, 실제로 우리 모두가 매일매일 하고 있는 작은 일들보다 그다지 중요하지 않기 때문이다.

* 저자가 설명한 바와 같이 무가베는 백인 소수정권을 상대로 싸운 독립투사이자 아프리카 민족주의의 지도자였다. 하지만 짐바브웨 독립 이후 총리와 대통령을 번갈아 지내면서 2012년 현재까지 수십 년간 집권하고 있다. 〈워싱턴포스트〉는 세계 최악의 독재자 1위에 그의 이름을 올렸다.

** 1956년에 시작된 유럽 최대의 음악축제이자 음악경연대회. 유럽방송연맹 회원국 시청자들의 투표를 통해 우승자가 결정된다.

*** 2006년 10월 북아일랜드가 자치행정 체제를 점진적으로 갖춰나갈 것을 추구하는 '성聖 앤드루 협정'에 기초하여 2007년 5월 8일 아일랜드공화국군IRA의 정치적 대변인 역할을 하는 신페인당과 민주연방주의정당DUP이 공동정부 구성에 극적으로 합의했다. 이에 DUP의 대표인 이언 페이즐리가 제1총리가 되고 신페인당 지도부 마틴 맥기네스가 대행역할을 하게 되었다.

**** 1984년에 창립된 미국의 비영리재단으로 1990년부터 기술Technology, 오락Entertainment, 디자인Design에 관련된 강연회를 정기적으로 개최하고 있다. 2005년부터 매년 '널리 퍼져야 할 아이디어Idea Worth Spreading'라는 슬로건으로 세상을 바꾸려는 소망을 가진 이들 세 명에게 상을 수여한다.

***** 오스트레일리아의 범죄학자 존 브레스웨이트John Braithwaite가 주장한 개념으로 '회복적 정의'로 옮기기도 한다. 범죄자에 대한 보복적 처벌에 뿌리를 둔 '사법 정의Criminal Justice'라는 용어를 대체하는 것으로 범죄자를 포용해 사회로 '복귀restore'시켜야 한다는 개념이다.

How to Change the World
John-Paul Flintoff

**THE
SCHOOL
OF LIFE**

결론
Conclusion

Part 4

음악의 선율이
도달하려는 종착점

이 책의 첫 부분에서 우리는 현재의 상황을 그대로 수용할 필요가 없다는 것을 알게 되었다. 두 번째 부분에서는 더 큰 공동체 의식을 발전시키기 위해 이 세상, 그리고 다른 사람들과 어울릴 수 있는 다양한 방법을 알아보았다. 그러나 이런 것들은 다만 사례에 불과하다. 나는 당신이 이 책을 읽는 동안, 긍정적인 변화를 만들 수 있는 방법에 대한 당신만의 아이디어를 갖게 되기를 바란다. 어쩌면 당신도 그런 생각을 오랫동안 해왔을지 모른다. 만약 그렇다면 이제는 그것을 행동으로 옮겨야 한다.

당신이 행동을 시작하기 전 마지막으로 경고할 것이 있다. 최선의 노력을 기울였음에도 불구하고 당신은 의도하지 않았던 결과, 심지어 이롭지 못한 결과를 맞게 될지도 모른다는 사실을 수용해야만 한다.

이와 관련된 사례를 하나 제시하겠다. '녹색혁명 Green Revolution'은 농부들이 작물생산을 대량화할 수 있게 해주어서 많은 사람들을 기아로부터 구제했다. 이 일에 가장 깊게 관여한 과학자들 중 한 사람인 노먼 볼로그 Norman Borlaug 박사는 그 업적으로 노벨 평화상을 수상했다.* 그러나 이 과학자의 성공은 지구 인구를 포화상태에 이르게 했다. 이와 마찬가지로, 자동차 발명은 간접적으로 인류가 가장 많은 양의 이산화탄소를 대기 중으로 배출하게 만들었다. 노동자들의 임금과 노동조건을 개선하는 데 기여한 노동조합은 고용주들이 값싼 외국 노동자를 고용하게 만들었다. 유동성을 개선시켜준 재무기구의 창시자들은 뜻하지 않게 세계 경제에 위협이 되는 국제 재무 시스템에 기여했다.

예는 얼마든지 있다. 그러나 자신들이 진정으로 가치 있는 일을 했다고 믿는 사람들을 희생시키는 것은 현명하지 않다. 만약 우리가 그들의 입장에서 그들과 같은 능력을 가지고 있었다면 우리 역시 같은 일을 했을 것이고, 긍정적으로 세상을 변화시켰다고 우리를 칭찬하는 사람들의 박수갈채를 받았을 것이다.

시간적·공간적으로 우리와 멀리 떨어져 있는 사람들이나 우리가 볼 수 없는 결과를 맞이해야 하는 사람들은, 우리가 하는 '그 어떤' 일도 도움이 안 되는 것으로 판단해버릴 수 있는 것이 사실이다. 이런 생각을 하게 되면, 우리는 구도자 같은 열정을 가지고 세상을 변화시키는 일에 몰입하는 것이 힘들 수도 있다. 하지만 그것이 나쁜 것은 아니다. 세상을 변화시킬 때, 우리는 어느 정도의 인류애를 가지고 행동할 수 있다.

이런 인식이 우리의 행동을 멈추지는 않는다. 그것은 단지 '지금 바로 여기'의 중요성을 강화시켜줄 뿐이다. 만약 우리가 우리의 행동이 불러일으킬 수 있는 문제를 예견할 수만 있다면, 당연히 뒤로 물러서서 다시 생각해봐야 할 것이다. 하지만 만약 우리가 그 문제들이 어떤 것일지 상상할 수 없다면, 우리는 문제가 생길 수 있다는 사실을 겸허히 받아들이고, 사람들이 그 문제를 처리하는 방법을 생각하기를 바라고, 지금 '현재' 필요한 일을 잘 해내도록 해야만 한다.

그리고 뭔가를 하게 된다면 우리는 먼저 우리가 '모든 것'을 해결할 수 없다는 사실을 인정해야 한다. 그 사실을 인정할 때 우리가 이루고자 하는 일의 크기에 겁먹지 않을 수 있다. 이런 종류의 걱정은

당신이 할 수 있는 행동으로 세상을 바꿀 수 있다.

영국의 사회운동가였던 로빈 케번Robin Kevan, 일명 '쓰레기 줍는 롭Rob the Rubbish'은
하루도 거르지 않고 자신이 살고 있는 웨일스의 마을 주변을 청소하는 사람으로 유명해졌다.

이해할 수는 있지만 반드시 필요한 것은 아니다. 아일랜드의 정치가 에드먼드 버크Edmund Burke는 "할 수 있는 일이 단지 조금밖에 없다는 이유로 아무것도 하지 않는 것보다 큰 실수는 없다."고 말했다.

행동하기를 뒤로 미루면서 나중에 상황이 더 나아지면, 즉 새 직장을 얻거나 더 큰 집으로 이사하거나 은퇴를 하면 훌륭한 일을 할 수 있을 것이라고 자신을 현혹하는 것이 바로 버크가 말한 실수를 저지르는 것이다.

상황이 어떤 식으로 변화하기를 바란다면, 우리는 '정체된' 사고를 하고 있는 것이다. 즉, 우리의 목표를 언젠가 벽에 걸게 될 아름다운 액자에 끼워진 완성작으로 상상하는 것이다. 그러나 문제는 아무도 그림을 그리지 않고 있다는 것이다.

이럴 때는 대신 '진행하는' 사고를 하는 것이 도움이 된다. 니체는 이렇게 말했다. "모든 종착점이 목표는 아니다. 어떤 선율의 끝이 반드시 그 음악의 목표가 되는 것은 아니다." 이 말은 곧 우리는 음악을 즐길 때 음악이 서둘러 끝나길 바라면서 콘서트에 가지 않는다는 것을 의미한다. 우리는 콘서트가 '진행되는 내내' 음악을 즐긴다. 그렇다면 이제 당신의 임무를 그림으로 생각하지 말고 음악으로 생각해보자. 반드시 장기적인 임무에 집중해야 한다. (당신 자신이 어디로 가는지 알고자 한다면, 그리고 실제로도 그래야만 하는데, 이때는 니체의 이어지는 진술을 참조할 필요가 있다. "하지만 그럼에도 음악의 선율이 종착점에 도달하지 못한다면 결코 그 목표에도 도달할 수 없다.") 그러나 일단 장기적 목표를 확인한 후에는 다시 현재에 집중해야 한다. 자기 자신에게 물어보라. 나는 앞으로 24시간 동안 무엇을 할 수 있는가? 만약 24시간 동안 아무것도 하지 않는다면 앞으로 나는 무엇을 할 수 있겠는가?

바다에 떨어지는 물 한 방울처럼

왕가리 마타이가 소소한 과정에 관심을 기울이지 않았다면 그녀의 단체는 그렇게 수백만 그루의 나무를 심지 못했을 것이다. "땅을 파고 묘목을 심고 물을 주어 나무를 살리기 전까지 당신이 한 일은 아무것도 없다. 당신은 그저 말로만 하고 있는 것이다."

테레사 수녀도 같은 생각을 가졌다. "나는 결코 대중을 구원하려고 하지 않는다. 나는 다만 한 개인을 바라볼 뿐이다. 나는 한 번에 단지

한 사람만을 사랑할 수 있다. 한 번에 단지 한 사람만을 껴안을 수 있다. 단지 한 사람, 한 사람, 한 사람씩만. 따라서 당신도 시작하고 나도 시작하는 것이다. 나는 한 사람을 붙잡는다. 만일 내가 그 사람을 붙잡지 않았다면 나는 4만 2,000명을 붙잡지 못했을 것이다. 모든 노력은 단지 바다에 붓는 한 방울 물과 같다. 하지만 만일 내가 그 한 방울의 물을 붓지 않았다면 바다는 그 한 방울만큼 줄어들 것이다."

작은 것부터 하나씩 채우지 않았다면 우리는 아무것도 이룰 수 없었을 것이다. 자신이 죽은 이후에도 사람들이 찾아오기를 바라는 마음으로 숭고한 성당을 지었던 석공 역시 다만 그의 동료들이 하는 대로 돌을 깎고 옮기는 일을 했을 뿐이었다.

작은 행동이 중요하다. 수피교Sufis는 당신의 모든 행동을 사랑하는 사람들에게 하듯이 하라고 가르친다. 그렇다면 예수나 붓다의 옷을 개듯이 빨래를 개는 사람들도 있을 것이다. 간디는 이런 작은 행동들을 '축복받은 단조로움blessed monotony'이라고 불렀다. 그의 위대한 업적은 서서히 이루어졌다. 그래서 그는 흔들릴 때마다 《바가바드 기타》에서 종종 확신을 찾으려고 했다. 경전에서 크리슈나는 카르마요가를 수행하면서 결과를 예상하지 말고 다만 열심히 일할 것을 충고했다.

만약 우리가 이 충고를 받아들이고 결과에 연연하지 않는다면 의심스러운 수단을 정당화하기 위해서 목적을 이용하려 하지 않을 것이다. 우리는 모든 과정을 그 자체만으로도 즐겁고 가치 있는 것으로 만들 수 있다. 그리고 작은 과정이라도 그에 합당하게 집중함으로써 그 자체로 인정하게 된다. 앨라배마 주 몽고메리에서 있었던 작은 시위가, 버스에서 어느 자리에 누가 앉아야 한다는 규칙에 대한 작은 변화를 요구한 것으로부터 이전에는 생각도 할 수 없었던 인종차별 종식을 요구하는 데까지 서서히 발전해갔듯이, 작은 승리는 우리가 다음 단계로 도전할 수 있도록 자신감을 준다.

작은 승리에 제대로 집중하고 그것의 진정한 가치를 인식하기 위해서 일정표를 작성해보자. 한 주가 끝나면 그 주에 당신이 어떤 성과를 올렸는지, 그리고 다음 주에 무엇을 할 예정인지를 스스로에게 묻는 것이다. 이를 잊지 말고 실행하자. 이런 작은 실천은 누구에게나 도움이 될 것이다.

자신이 얼마나 성과를 이뤘는지 확인할 때마다 당신은 장기적인 포부를 더 높이 책정하고 싶어질 것이다. 그러나 여기서 주의할 것이 있다. 이런 작은 단계들을 단지 더 큰 것의 일부로만 봐서는 안 된다. 작은 단계들이 가진 '그 나름의 장점들을' 충분히 즐기는 것도 중요하다.

절대 끝나지 않을 일에
동참한다는 것

　이 책에 소개된 원리들은 오직 진심으로 실천할 때 비로소 효과를 발휘할 것이다. 내가 소개한 제안은 특별한 기술이나 방법이 아니라 새로운 생활 방식이다. 만약 당신이 정말로 새로운 습관을 만드는 데 관심이 있다면 이 책을 다 읽은 후에도 가까이 두고 자주 들춰보기를 권한다. 최근에 당신이 한 일 중에 더 잘할 수 있었던 것이 무엇인지 스스로에게 물어라. 그리고 당신이 잘한 것에 대해서도 기록하라. 당신에게 승리감을 안겨준 일을 자세히 기록하라. 그러면 그것이 당신을 앞으로 더 나아가게 만드는 용기를 줄 것이다.

　세상을 바꾸는 것은 절대 끝나지 않는 일이다. 그런 의미에서, 그것은 '일'이라기보다는 '정신상태'에 더 가깝다. 있는 상황 그대로에 관심을 갖는 것, 변화에 대한 책임감을 기꺼이 나누는 것, 절망감으로 설득하려는 게 아니라 희망으로 가능하게 하려는 마음.

　이 일에 관여하는 사람들은 긍정적인 면을 보려고 노력하고, 다른 사람들이 간과한 자질을 발견하려고 노력하고, 예기치 않은 뜻밖의 상황에서 협력자를 찾아내려고 노력한다. 그들은 장기적인 계획에 집중하면서도 지금 당장 어떻게 작은 행동을 취할 수 있을지에 대해서 항상 생각한다. 그들은 동정심이 많고 겸손하다. 그들은 삶을 자신의 통제 밖에 놓인 부당한 사건들의 연속으로 보지 않고 모험으로 생각하며 살아간다. 그리고 절대로 이 일이 끝나지 않는 것에 대해 불평하기보다는 기뻐할 이유라고 생각한다. 언제나 그들이 할 수 있는 뭔가가 있기 때문이다.

당신도 그런 사람들 중 하나가 될 수 있다.

---

* 노먼 볼로그는 다수확품종인 멕시코 밀을 육성하여 개발도상국의 식량문제에 기여했다.
** 이슬람교의 신비주의 분다.

ㅤ
더 읽어보면 좋은 자료들

이 책을 쓰면서 수많은 종류의 책, 기사, 영화, 그리고 대화들의 도움을 받았다. 아래 소개하는 자료들은 각 장에서 소개, 인용됐을 뿐만 아니라 두고두고 유용한 내용이기에 더 찾아 읽어볼 것을 적극 추천한다.

Part 2. 이 세상에서 당신은 어떤 역할을 할 것인가?

1. 변화의 불가능성을 인정하고 극복하기

레프 톨스토이는 도든 사람의 행동과 태만의 중요성에 대한 에세이들을 썼다. 그가 처음으로 그 중요성을 깨달았을 때는 소설, 특히 《전쟁과 평화》를 쓸 때였다. 《전쟁과 평화》만큼이나 장대한 책 《더욱 막강한 힘A Force More Powerful》은 이야기의 흡인력도 뛰어나고 세계적으로 성공을 거둔 작품이다. 이 책은 피터 애커먼Peter Ackerman과 잭 듀발Jack DuVall이 20세기의 비폭력운동에 대해 쓴 개론서이다. 이보다 더 학술적인 책은 진 샤프의 대표작 《비폭력운동의 정치학》이다. 방대한 조사와 그의 주장에 매료되지 않을 수 없는 책이다. 그는 이 책에서 주장하기를, 권력은 그 권력에 탄압받는 사람들의 동의에 의해 향유되는 것이라고 했다. 물론, 그의 주장은 간디의 생각에서 비롯된 것이다. 간디의 저술 역시 광범위하다. 《간디 자서전: 나의 진리 실험 이야기 The Story of My Experiments With Truth》를 먼저 읽어보면 도움이 될 것이다. 나치를 무척 당황하게 했던 한 단체에 대한 책을 찾는다면, 아네트 덤바치 Annette Dumbach와 주드 뉴본 Jud Newborn의 《소피 숄과 백장미단 Sophie Scholl and The White Rose》을 읽어보라.

2. 무엇이 우리를 행동으로 이끄는가?

잘사는 인생은 철학과 심리학뿐만 아니라 모든 종교의 초석이 되는 주제이다. 《어떻게 살아야 할 것인가?》에서 피터 싱어는 자신의 철학적 사유에 대한 도전적인 통찰과 더불어, 다양한 철학 이론에 대한 폭넓은 개요를 제시한다. 이마누엘 칸트, 데이비드 흄, 알베르 카뮈, 장 폴 사르트르, 아이리스 머독의 원작도 도움이 될 것이다. 빅터 프랭클, 마틴 셀리그먼, 크리스 존스톤은 심리학과 그 밖의 임상실습 등을 통해 얻은 지극히 현실적인 생각들을 제시하고 있다. 수많은 종교사상 중에서도 나는 주로 불교사상을 인용했다. 스티븐 배철러는 오랫동안 수행한 영국의 불교도이다. 《타인과 함께 홀로》는 그의 오랜 지식을 실존적인 사유과 결합해 보여준다. 틱낫한은 서방세계에서 오랫동안 살아온 베트남 출신의 승려이다. 그의 저서 《붓다의 가르침의 중심 The Heart of the Buddha's Teaching》은 불교철학에 관해 명료하고 프괄적인 관점을 제시한다. 이보다 더 읽기 쉬운 책은 《마음의 기적 The Miracle of Mindfulness》이다. 리처드 넬슨 볼스 Richard Nelson Bolles의 《당신의 낙하산은 무슨 색인가? What Colour is Your Parachute?》는 구직자들을 위한 책이지만 훌륭한 자가진단 테스트들이 많이 포함되어 있다.

3. 변화에도 구체적인 전략이 필요하다

《에코사이드 뿌리 뽑기 Eradicating Ecocide》에서 폴리 히긴스는 왜 지구를 지키기 위한 법이 필요한지에 대해서 자세히 설명한다. 레베카 솔닛의 《어둠 속의 희망 Hope in The Dark》은 간접적인 화법으로 변화를 이끌어내기에 관한 수많은 인상적인 내용을 담고 있다. 비폭력행동의 다양한 유형에 관한 사례는 진 샤프의 책에서 얻을 수 있다. 진 샤프가 제시한 유형들 외의 다른 방법들을 전 세계 사람들이 참여해 올릴 수 있도록 누군가 웹사이트를 개설한다면 멋질 것이다. 보이스카우트에 관해서 참조할 수 있는 책은 로버트 베이든 파월의 《소년들을 위한 스카우팅 Scouting For Boys》이다(물론 이제는 그때와 상황이 조금 달라지기는 했지만). 자신을 히피라고 간주했던 사업가들에 관한 사례는 키스 존스톤 Keith Johnstone의 창의력에 관한 놀라운 책 《즉흥연기》를 참조하라.

4. 우리 주변에 있는 변화의 실마리들

현자들에 관한 이야기를 읽을 수 있는 것은 물론 성경이지만 2007년에 출간된 트레나 코맥의 《변화를 만들기 Be the Change》를 읽어보는 것도 도움이 될 것이다. 이 책은 희망을 이야기하는 우리 시대 현자들과의 인터뷰를 담고 있다. 중국의 한 가족에 대한 회고록인 장융의 《대륙의 딸》은 고통스럽게 읽어 내려가야 하지만 마음을 사로잡는다. 이 책은 사람들이 변화에 영향을 끼치는 자신의 능력을 인식하지 못했을 때 상황이 얼마나 끔찍하게 흘러갈 수 있는지를 보여준다. 이 책과 정반대의 효과를 볼 수 있는 것은 데일 카네기의 《인간관계론》이다. 이 책은 직접 읽어보기 전에는 무시해 버렸을지도 모르는, 실용적이고 긍정적이며 냉정한 충고들로 가득하다.

5. 나와 내 주변의 상황을 이용하는 방법

리처드 레이놀즈의 사랑스러운 책 《게릴라 가드닝》에서는 그의 위업을 엿볼 수 있다. '피스 다이렉트'가 어떤 방식으로 전직 소년 병사들이 새로운 삶을 살 수 있도록 지원했는지에 대해서 자세하게 더 알고 싶다면 웹사이트 www.peacedirect.org를 참조하라.

6. 세상을 위한 아주 작은 첫 발걸음

조애너 메이시의 실험은 몰리 영 브라운과 공동으로 집필한《생명으로의 귀환》에 언급되어 있다. 그녀의 작품과 그 밖의 다른 훈련법에 대해 더 자세히 알고 싶다면 웹사이트 www.joannamacy.net을 참조하라. 음악 페스티벌에서 문제의 '그 남자'가 춤을 추는 모습은 유튜브에서 확인해볼 수 있다. 시민권 투쟁은 진 샤프의 책뿐만 아니라 애커먼과 듀발의《더욱 막강한 힘》에 잘 기록되어 있다. 여성정치위원회의 글은 조 앤 로빈슨Jo Ann Robinson과 데이비드 게로우David Garrow의 회고록《몽고메리 버스 보이콧과 이를 시작한 여성들Montgomery Bus Boycott and the Women Who Started It》에서, 그리고 다이앤 내쉬의 글은 캐서린 잉그램의《간디의 발자취를 따라》에서 발췌한 것이다.

Part 3. 세상을 위해 당신이 할 수 있는 작은 일

7. 아름다움과 기쁨을 조금씩 늘려나가기

레이첼 매튜스의 블로그 주소는 www.prickyourfinger.com이다. 전 세계에서 온 수많은 글들을 더 감상하고 싶다면, 충분한 시간을 가지고 '당신을 더 사랑하는 법' 웹사이트(www.learningtoloveyoumore.com)를 둘러보길 권한다(더 이상 의견을 받지는 않지만 둘러보는 데는 문제없다).

8. 당신이 가진 것을 현명하게 나누는 법

'에코전기'의 창립자인 데일 빈스의 블로그 주소는 다음과 같다. www.zerocarbonista.com이다. 토비 오드 교수의 '할 수 있는 만큼 기부하기' 웹사이트 주소는 www.givingwhatwecan.org이다.

9. 이보다 더 매력적일 수는 없다

여기서는 왕가리 마타이의 통찰력 있고 감동적인 자서전 《위대한 희망》을 권한다. 롭 홉킨스는 처음으로 자신의 생각을 《트랜지션 안내서: 석유의존에서 지역회복으로 The Transition Handbook: From Oil Dependency to Local Resilience》에서 소개했다. 이 책의 내용은 계속 보완되고 있다. 그의 블로그 주소는 transitionculture.org이다. 알라스테어 매킨토시는 《흙과 영혼》에 이어 역시 감동적인 이야기인 《어떤 어려움이 닥쳐도 Hell and High Water》를 출간했다.

10. 사랑하는 마음이 변화시킬 수 있는 것

카밀라 바트만젤리디의 《산산이 부서진 삶 Shattered Lives》은 그녀 자신과 몇몇 젊은이들의 프로젝트를 다루고 있는데, 그 영향력이 강렬하면서도 학술적으로 탄탄한 책이다.

11. 인류 전체를 위한 작은 행동의 시작

로버트 무가베와 이언 스미스의 은밀한 만남은, 더글러스 존스톤Douglas Johnstone과 신시아 샘슨Cynthia Sampson의 매력적인 책《종교: 정치의 실종된 영역Religion: The Missing Dimension of Statecraft》에서 론 크레이빌Ron Kraybill이 한 이야기다. 만약 이 이야기에 영감을 준 '도덕재무장운동MRA: Moral Re-Armament'에 대해서 더 자세히 알고 싶다면 '변화의 계획Initiatives of Change' (www.iofc.org)를 참조하라. 투표 체제에 대한 피터 에머슨의 아이디어는 드보르다 연구소에서 홍보하고 있다(www.deborda.org). 카렌 암스트롱의 《동정심 있는 삶을 위한 12단계Twelve Steps to a Compassionate Life》는 알코올중독자갱생회(www.aa.org)의 12단계 치료법에서 아이디어를 얻었으며, AA는 MRA로부터 상당한 영향을 받았다. 잭 콘필드의 글은 《깨달음 이후, 빨랫감》에서 인용했다.

198가지 비폭력행동 방법

여기 소개하고 있는 비폭력행동의 다양한 방법들은 진 샤프의 1973년 저서 《비폭력운동의 정치학 2권: 비폭력행동의 방법들》에서 발췌한 것이다. 이 책에는 각 방법들에 대한 구체적인 설명과 역사적 사례들이 소개되어 있다. 이 비폭력행동들은 진 샤프가 수십 년 동안에 걸쳐 작성한 것으로, 지금까지 몇몇 비폭력 혁명에, 그리고 사회, 예술, 정치 변화에 영향을 준 것으로 알려졌다.

의식 고취 / 저항

공식 성명

1. 대중 연설
2. 반대 또는 지지 편지
3. 단체나 기구의 성명
4. 서명을 받은 공식 발표
5. 고소와 의사 공표
6. 단체 또는 대중의 청원

더 많은 청중과의 대화

7. 슬로건, 풍자, 상징
8. 현수막, 포스터, 대화 내용 게시
9. 광고전단, 팸플릿, 책
10. 신문과 잡지
11. 레코드, 라디오, 텔레비전
12 하늘이나 땅에 문구 쓰기

집단 항의

13. 대표자 임명
14. 모의 시상식
15. 단체 로비
16. 피켓 시위
17. 모의 선거

상징적인 공개 행동

18. 깃발이나 상징적인 색깔 게시
19. 상징적인 옷 입기
20. 기도나 숭배
21. 상징적인 물건 배부
22. 탈의 시위
23. 자산 파괴
24. 상징적인 불빛
25. 초상화 전시
26. 페인팅 시위
27. 새로운 서명과 이름

28. 상징적인 소리
29. 상징적인 반환 요구
30. 무례한 몸짓

개인을 향한 압력

31. 정부당국자(공무원) '계속 따라다니기'
32. 정부당국자(공무원) 조롱하기
33. 친한 척하기
34. 철야 농성

연극과 음악

35. 익살스러운 풍자와 농담
36. 연극 공연과 음악 연주
37. 노래 부르기

행렬

38. 데모 행진
39. 시위
40. 종교적인 행렬
41. 성지순례
42. 자동차 시위

위령제

43. 정치적인 애도
44. 모의 장례식
45. 장례 행렬
46. 묘지 참배

대중 집회

47. 항의 또는 지지 집회
48. 항의 모임
49. 항의용 위장 모임
50. 토론회

철회와 포기

51. 작업 중단(파업)
52. 침묵
53. 훈장 반납
54. 무시하기

비협조

외면 또는 추방

55. 사회적 보이콧
56. 선별적인 사회적 보이콧
57. 뤼시스트라타식 비행동
   (섹스를 보류하기)
58. 추방
59. 금지명령

사회적 행사, 관습, 기관에 대한 비협조

60. 사회 활동이나 스포츠 활동의 정지
61. 사회 문제에 대한 보이콧
62. 학생 시위
63. 사회적 불복종
64. 사회 기관에서 탈퇴

사회 조직으로부터 탈퇴

65. 집에 머물기
66. 전면적인 개인적 비협조
67. 노동자들의 도피
68. 은신처에 머물기
69. 집단적인 잠적
70. 항의성 이민(헤지라 Hegira: 이주)

소비자들의 행동

71. 소비자의 보이콧
72. 보이콧된 상품의 불매운동
73. 긴축 또는 절약하기
74. 임차료 지불 보류
75. 임차 거부
76. 국가적 소비자의 보이콧
77. 국제적 소비자의 보이콧

노동자와 생산자의 행동

78. 노동자의 보이콧
79. 생산자의 보이콧

중개상의 행동

80. 공급자와 업자의 보이콧

소유주와 경영진의 행동

81. 상인의 보이콧
82. 소유물 거래의 거부
83. 직장 폐쇄
84. 산업 지원 거부
85. 상인들의 총파업

재무자원 소유자들의 행동

86. 은행예금 인출
87. 각종 공과금 지출 거부와 감정 평가 거부
88. 채무와 이자 납부 거부
89. 자금과 신용거래의 해지
90. 수익 은폐
91. 정부 자금 거부

정부의 행동

92. 국내 수출입금지
93. 무역회사들의 블랙리스트 만들기
94. 국제 판매자의 통상금지
95. 국제 구매자의 통상금지
96. 국제 무역 통상금지

상징적 파업

97. 항의 파업
98. 불법 파업(전격 파업)

농업 파업

99. 소작농 파업
100. 농업 노동자 파업

특별 단체의 파업

101. 강제 노동의 거부

102. 죄수들의 파업

103. 기술 파업

104. 전문 직종 파업

일반 기업 파업

105. 조직의 파업

106. 기업의 파업

107. 동조 파업

제한적 투쟁

108. 세밀한 투쟁

109. 동맹 투쟁

110. 제동 파업

111. 준법 투쟁

112. 병가 파업

113. 사표 파업

114. 한정적 파업

115. 선별적 파업

다업종 기업의 투쟁

116. 업종별 파업

117. 총파업

파업과 경제적 폐업을 겸한 투쟁

118. 불매 동맹휴업 또는 시민들의 전면적 폐업

119. 경제적 폐업

당국에 대한 거부

120. 충성의 거절 또는 보류

121. 대중적 지지의 거부

122. 반대 세력을 지지하는 책자와 연설

정부에 대한 시민의 비협조

123. 사법 기관에 대한 보이콧
124. 선거 보이콧
125. 공무원 고용과 정책에 대한 보이콧
126. 정부 부서, 단체, 기관 등에 대한 보이콧
127. 국가 교육 기관으로부터 탈퇴
128. 정부 지원 단체에 대한 보이콧
129. 집행 기관에 대한 지원 보이콧
130. 고유한 사인과 표지판 제거
131. 임명된 공무원 승인 거부
132. 기존 기관 해체 거부

복종에 대한 시민의 대안

133. 마지못한 느린 이행
134. 직접적 감독의 부재 시 불복종
135. 대중적 불복종
136. 안 보이게 불복종하기
137. 모임이나 집회 해산 거부
138. 연좌 농성
139. 징병과 파병에 대한 비협조
140. 은닉, 도주, 가짜 신분
141. 불법에 대한 시민적 불복종

정부 인사의 행동

142. 정부 보조에 의한 지원의 선별적 거부
143. 명령과 정보에 대한 방해
144. 지연과 방해
145. 총무기관의 비협조
146. 사법기관의 비협조

147. 집행기관의 고의적 비효율성과 선별적 비협조
148. 반란

정부의 국내 행동
149. 준 법률 집행 희피와 지연
150. 사정기관의 비협조

정부의 국제적 행동
151. 외교 및 다른 대표단의 변경
152. 외교 행사의 지연과 취소
153. 외교적 승인의 보류
154. 외교 관계의 단절
155. 국제기관에서의 탈퇴
156. 국제기관의 회원 거부
157. 국제기관으로부터의 제명

대안 제시 및 그 밖의 다른 개입

심리적 개입
158. 비바람, 폭풍우에 노출된 채 버티기
159. 단식
   a. 도덕적으로 호소하는 단식
   b. 단식 투쟁
   c. 사티아그라하 Satyagraha 식 단식(간디의 비폭력저항운동 철학에 입각한)
160. 재판을 역이용하기
161. 비폭력적 학대

물리적 개입

162. 연좌 농성
163. 입석 농성
164. 탑승 농성
165. 뛰어들기
166. 공장 점거 농성
167. 기도 농성
168. 비폭력 탑승
169. 비폭력 습격
170. 비폭력 공습
171. 비폭력 외침
172. 비폭력 방해
173. 비폭력 점령

사회적 개입

174. 새로운 사회 패턴 만들기
175. 시설의 과부하
176. 지연 농성
177. 연설 농성
178. 게릴라 연극
179. 대안적 사회 기관
180. 대안적 대화 시스템

경제적 개입

181. 파업을 역이용하기
182. 농성 투쟁
183. 비폭력적 토지 압수
184. 봉쇄에 대한 저항
185. 정치적 동기의 화폐위조
186. 구매 방해
187. 재산 압류
188. 덤핑
189. 선별적 후원
190. 대안적 시장
191. 대안적 교통 시스템
192. 대안적 경제 기구

정치적 개입

193. 행정 업무에 과부하 걸기

194. 비밀요원의 신원 공개

195. 스스로 감옥에 들어가기

196. 중립적 법률에 대한 시민 불복종

197. 협력 작업 없는 근무

198. 이중 국적과 두 개의 정부

• 더 많은 정보를 원한다면, 진 샤프의 알베르트 아인슈타인 연구소AEI 웹사이트(www.aeinstein.org)를 참조하라.

이미지 출처

저자와 출판사는 이 책에 사용된 도판의 수록을 허락해준 아래의 분들께 감사의 뜻을 전한다.

34~35쪽 : Berlin wall ⓒ Caro / Alamy

52~53쪽 : Manuscript illumination (detail), *The Legend of the Three Living and the Three Dead*, Ms.Arundel 83, fol.127 ⓒ akg-images / British Library

62쪽 : Dog walker ⓒ Arnd Wiegmann / Reuters / Corbis

66~67쪽 : Tank man ⓒ Jeff Widener / AP / Press Association Images

84~85쪽 : Optimistic graffiti ⓒ Mario Tama / Getty Images

132쪽 : Rosa Parks ⓒ Bettmann / Corbis

146~147쪽 : Encouraging banner ⓒ Craftivist Collective and Robin Prime (photograph)

202쪽 : Ian Smith ⓒ Gamma-Keystone / Getty Images

203쪽 : Robert Mugabe ⓒ Sipa Press / Rex Features

223쪽 : Rob the rubbish man ⓒ Howard Barlow

그 밖의 모든 도판은 저작자의 허가에 따라 실린 것이다.

이 책에 수록된 인용문들의 출처는 다음과 같다.

39쪽 : extracts are taken from *Mahatma Gandhi and Leo Tolstoy Letters*, Mahatma Gandhi (Long Beach Publications / Navajivan Trust, 1987).

50쪽 : extract is taken from *How Are We To Live?*, Peter Singer (Text Publishing, ⓒ Peter Singer, 1993).

58쪽 : extract is taken from *Man's Search for Meaning*, Victor Frankl (Beacon Press, 1946).

102쪽 : extract is taken from *Wild Swans*, Jung Chang (HarperCollins / Touchstone, ⓒ Jung Chang, 1991).

124쪽 : extract is taken from *Coming Back to Life*, Molly Young Brown and Joanna Macy (New Society Publishers, 1999).

130쪽 : extract is taken from *The Montgomery Bus Boycott And The Women Who Started It: The Memoir of Jo Ann Gibson Robinson*, ed. David J Garrow (University of Tennessee Press, 1987).

135쪽 : extract is reprinted from *In the Footsteps of Gandhi: Conversations with Spiritual Social Activists* (1990) by Catherine Ingram with permission of Parallax Press, Berkeley, California, USA, www.parallax.org

저자

존 폴 플린토프

영국의 저널리스트이자 작가. 〈파이낸셜타임스〉, 〈선데이타임스〉 등에서 수년간 취재기자로 일했고, 〈가디언〉, 〈데일리 텔레그래프〉, 〈CNBC 비즈니스〉, 〈에스콰이어〉 등 다양한 신문과 잡지에 글을 기고했다. 저널리스트의 가장 좋은 점은 사람을 만나는 것이라고 말하는 그는 할리우드 배우, 록스타, 예술가, 정치가뿐 아니라 특별한 경험을 한 수많은 '평범한' 사람들과 인터뷰했다. 취재기사로 몇 개의 상을 받았고, 영국 정부의 정책을 바꾸는 데 직접적인 영향을 끼치기도 했다. 2012년 알랭 드 보통을 포함한 5명의 저자들과 함께 '인생학교' 프로젝트에 참여했다. 저서로 《재봉질에서 발견한 행복과 삶의 의미 Sew Your Own: Man finds happiness and meaning of life - making clothes》, 《종합학교 Comp: A Survivor's Tale》가 있다. 웹사이트는 www.flintoff.org

옮긴이
정미우

고려대학교 영어영문학과를 졸업하고 영상번역 전문가로 활동했다. 현재 성균관대학교 번역대학원에서 영상번역 강의를 하고 있으며 출판번역 에이전시 하니브릿지에서 번역가로 활동하고 있다. 주요 역서로《위대한 영화감독들의 기상천외한 인생 이야기》,《내 안의 선물: 자기 운명의 주인이 되기 위한 8단계 여정》,《바르샤바로 간 슐레밀》 등이 있다.

THE SCHOOL OF LIFE

인생학교 시리즈 각 권 소개

인생학교 | 섹스 | 알랭 드 보통
섹스에 대해 더 깊이 생각해보는 법 How to think more about sex

'섹스'에 관해서 자신이 완벽하게 '정상'이라고 생각하는 사람이 있을까? 현대인의 섹스는 왜 이렇게 어렵고 혼란스러울까? 과연 우리가 모르고 있는 모던 섹스의 리얼리티는? 사랑과 연애에 관한 이 시대 최고의 현자 알랭 드 보통이 알려주는 모던 섹슈얼리티의 딜레마! 사랑과 욕망, 모험과 헌신 사이에서, 21세기적 섹스는 어떻게 균형을 잡을 것인가?

인생학교 | 돈 | 존 암스트롱
돈에 관해 덜 걱정하는 법 How to worry less about money

당신은 돈이 많은가, 적은가? 돈에 집착하는가, 아니면 무관심한가? 문제는 돈과 어떤 관계를 맺느냐다. 돈과 인생, 행복에 관한 매우 놀랍고 새로운 인사이트! 돈에 대한 제대로 된 개념정립과 철학적 고찰이 필요한 시대! 돈에 관한 본능적인 부정, 갈망과 두려움의 실체는 무엇일까? 돈은 사랑, 섹스, 인간관계에 어떤 영향을 줄까?

인생학교 | 일 | 로먼 크르즈나릭
일에서 충만함을 찾는 법 How to find fulfilling work

일이란 무엇인가? 우리는 왜 일을 하며, 일에서 얻는 성취감의 정체는 무엇인가? 인생에서 일이 갖는 가치와 의미, 위상에 관한 가장 근사하고 명쾌한 대답! 이 책은 의미를 찾고 기꺼이 몰입하는 가운데 자유를 느낄 수 있는 일을 찾는 방법을 제시한다. 일에서 성취감을 느끼고 싶은가? 그런 일을 찾아 변화를 시도하고 싶은가? 이 책에 담긴 혜안과 성찰이 당신에게 '천직'에 이르는 길을 보여줄 것이다.

인생학교 | 정신 | 필립파 페리
온전한 정신으로 사는 법 How to stay sane

누구나 종종 우울해지거나, 감정이 폭발하고, 망상에 사로잡혀 '내가 미쳤나?' 하고 걱정한다. 어마어마한 스트레스가 일상이 된 현대인의 위태로운 정신세계! 이 책은 매우 간단하고 현실적인 방법으로 '마음 탐험'을 안내한다. 다양한 심리치유 기법, 지노그램, 명상, 호흡, 대화법 훈련 등을 통해 인생에서 벌어지는 다양한 사건들에 안정적이고 유연하게, 그리고 일관성 있게 대처하도록 돕는다.

인생학교 | 세상 | 존 폴 플린토프
작은 행동으로 세상을 바꾸는 법 How to change the world

세상을 바꾸는 일은 대체 누가 하는 걸까? 그것은 바로 당신이다. 역사의 흐름을 바꾸는 혁명이나 저항은 결국 개개인의 작은 참여와 실천에서 시작되지 않았던가! 이 책은 역사와 정치에서 뽑아낸 매우 새롭고 신선한 통찰을 현대인의 삶과 결합시켜, 패배주의를 극복하는 법부터 198가지 비폭력 저항운동까지, 누구라도 지금 당장 실천할 수 있는 '행동'들을 알려준다.

인생학교 | 시간 | 톰 체트필드
디지털 시대에 살아남는 법 How to thrive in the digital age

당신의 스마트 기기의 노예인가 주인인가? 디지털 시대의 속도와 밀도 속에서 깊이 있는 삶은 지속될 수 있는가? 계속 이렇게 살아도 삶의 본질을 놓치지 않고, 정체성과 자존감을 지킬 수 있을까? 이 책은 디지털 시대의 소통, 적응, 생존에 관해 본격 해부했다. 사회 각 분야에 걸쳐 어떻게 해야 인간다움을 잃지 않을지, 미래에 우리가 어떤 방식으로 존재해야 하는지에 대한 깊이 있는 통찰을 제시한다.

THE SCHOOL OF LIFE How to Change the World